ちくま文庫

アジア沈殿旅日記

宮田珠己

筑摩書房

目次

II

Ⅲ　ラダック　145

Ⅳ

熊本

アジア沈殿旅日記

本文イラスト&写真　宮田珠己

はじめに

謎の症状

数年前から、夜になると、右足の表面がヒリヒリ痛むという謎の症状に悩まされるようになった。

まるで右足だけが激しく日に焼けたように、あるいは逆に冷やしすぎて厳しいしもやけに罹《かか》ったかのように、熱くもあり冷たくもある変な感覚が毎晩私を襲うのだ。

熱い風呂に入ろうとして足先が冷たく感じたり、足に水がかかっただけで、熱っ！と引っ込めたりするようなこともあった。右足の、温度を感知するセンサーが壊れたかのようだった。しまいには、食べ物でもないのに自分の右足が辛《から》く感じることもあった。ゆゆしき事態であった。

神経がおかしくなったにちがいなく、医者に診てもらうことにした。

医者は私を格納庫に連れて行き、そこでブッブッブッブッと音をたてながら待機している、白いドーナツみたいな巨大な飛行ポッドに私の体を横向きに突っ込んだ。そして管制室の窓越しに必要な操作を行い、カシーン、カシーン、カシーン、という磁石的な回転音とともにそれを加速させたかと思うと、まるごとアルファ・ケンタウリ方面にふっ飛ばした。

私はそこで、十年以上前に死んだ父親に会い、宇宙の存在する意味と人類が生まれた理由についての深い悟りを得て、約四〇分後に帰還。

医者は私を椅子に座らせると、これ以上はないというような笑顔でこう言ってみせたのだった。

「大丈夫。忘れれば治る」

私は次の医者へむかった。

今度の医者は、私の訴えを詳しく聞いた後、坐骨神経痛、むずむず脚症候群、膠原病、サルコイドーシス、多発性硬化症、悪性リンパ腫などなど、ほかにもいくつもの恐ろしげな病名を列挙して、私をビビらせたあと、入院させて何十種類もの検査をした。

私は、数ある病名のうちでも、比較的命に別状のなさそうな、むずむず脚症候群を注文しようと待ち構えていたのだが、最終的に医者は、こんな症状は見たことがないものの、あらゆる最悪の可能性を想定して検査した結果、悪いものではないことがはっきりした、問題ない、君はラッキーだ、と言った。

そうして病名も告げることなく、ただリボトリールという薬をくれた。

家に帰って調べると、その薬は、心を穏やかにする効果があるとのことだった。もちろん飲んでも痛みは治らなかった。

私は仕方なく、自分でこの病気もしくは症状を〈ペリー〉と名づけることにした。

〈ペリー〉と闘う私の前に、立ち塞がる壁

〈ペリー〉は主に夜現れるが、ときどき昼に現れることもある。

それが現れると、何にも集中できなくなった。

仕事どころか、本を読んだり、音楽を聴いたり、人と話すことも、しっかりとできない。イライラして気持ちの焦点が合わないのだ。

そういうときは、そば殻《がら》の入ったぬいぐるみのように、ただぐったりと横になっているしかないが、経験上、熱いお湯に浸かったときは症状がわずかに軽減されることがわかっていた。

さらに、昼に症状が現れるのは、きまって気が張って疲れているときか、もしくは睡眠不足のときであることも近年の観測で明らかになってきた。

このことから〈ペリー〉に対抗するには、熱い風呂か温泉、もしくは睡眠が効くということ、すなわちつねに心身ともにリラックスした状態を保つことが必要不可欠であることが、解明されていた。

一方で、運動はよくなかった。

私は昔から、何か面白くないこと、うまくいかないこと、調子が悪いことなどがあると、有酸素運動によって問題を解消してきた。因果関係は不明だが、有酸素運動は、運命の改善によく効くことがわかっていた。ジョギングすると、いい仕事の依頼がきたり、プールで泳ぐと年収が上がったりした。したがって有酸素運動万能主義を標榜していたのだが、〈ペリー〉には、それは効かなかった。むしろ運動は、痛みを悪化させた。神経が昂ぶることは、たとえ有酸素運動でも逆効果だった。

ただ、散歩や旅行は悪くなかった。

激しい動きでなければ問題ないのだ。それどころか散歩や旅行をしているときは意識が分散して、痛みが軽くなるようにも思えた。軽くなるというより、気が散って、痛みを忘れるというのが現実に近いのかもしれないが、忘れられるならそれに超したことはない。

その意味で、紀行エッセイを書くという自分の仕事は、〈ペリー〉の軽減に適していると言えた。いい仕事を選んだものであった。だから、私はますます仕事に邁進《まいしん》すべきと考えるのが妥当であった。

とはいえ問題もあった。

それはまさにその仕事上の悩みで、最近、旅をして何を書くべきなのか、どんどんわからなくなってきているということだった。

人は、若いうちは、多少なりとも他人と違う旅をしなければならないという呪いのようなものに冒されている。

とりわけそれを誰かに語って聞かせようというとき、ましてそれを記録して誰かに読ませようとするときはなおさらで、何かしら人より深い考えや、他人にはできない、もしくは誰もしていない経験、そうでなければ、せめて現地に行かなければ知りえず、それでいて現地に行ったときには役に立つ何らかの情報といった類の、わざわざ語るべき希少なものがなければならず、それが希少であればあるほど旅人として上等である、という強力な呪いに知らず知らず冒されがちである。

かつては私も同じ思いに囚われていた。

その結果、こんなことはとっくに誰かが語っているのではないか、もっと深い話がどこかに書いてあるのではないか……云々《うんぬん》、そんな懸念がいつも頭をついてまわり、もしそうであったら、自分の旅には意味がないとさえ考えたほどだった。

だが、そんなあるとき、どこからともなく次のような啓示が私に訪れたのである。

本格的な話は、誰かほかの、もっと立派な人に任せるべきだ。

その啓示は、実になめらかに私の中に浸透した。

そういう話は、私よりもはるかに学識が高く、経験も積んだ、学者や冒険家やジャーナリストがするだろう。そうでなければ、常人には体験できないような奇抜な出来事に偶然遭遇した人が、その経験を語るだろう。

あらゆる面で彼らに及ばない私みたいなものが、自分の旅の価値を云々するのはアホらしいことではないか。

以来私は、本格的であろうがなかろうが、ただ自分が好きなものやことについて書くようになった。

そうして、しばらくは平穏な気持ちで過不足なく暮らしていたが、実際に書きはじめてみれば、そうはいってもそれなりに何かについて調べたり、人に話を聞いたり、珍しいことなら試してみるという、ささやかながらもジャーナリストのようなこともしなければならない。

明らかに分不相応であることを知りながら、そういう旅をくりかえしていると、結局は自分も、いずれ何らかのジャンルで、立派な学者やジャーナリストに匹敵する者になるべく奮闘努力していかなければ、旅を語ることはできなくなるのではないか、若いうちならまだしも、年齢を重ねれば重ねるほど、情報か知識か経験で他人を凌駕《りようが》するようにならなければ、旅を語る資格はなくなるのではないか、という思いにとらわれるようになった。

かつての私を悩ませた同じ呪いが復活していた。しかも年輪を重ねたことで、呪いの説得力がパワーアップしていた。

参ったなあ、とはこのことであった。

参ったなあは、スーツを着た上司の姿で机から立ち上がり、あまり事がおおっぴらにならないよう、私を誰もいない会議室に呼び出して、こう提案した。

「そういうのは好きじゃないだろうが、お前もたまにはジャングルにでも行って、大きく開いたワニの口に頭を突っ込んでみたり、シベリアかどこかの極寒の湖に、裸で飛び込んでみたりしてはどうか」

私は困惑した。

そんなのはごまかしであることはわかっていた。

それは誰か他の若い人に任すべき旅だった。

もはや、ただ旅が好きというだけでは、この仕事は続けることができないのか。気がついたときには、近ごろ私はすっかり停滞してしまっているなとの思いが、胸の内側にどっしりと棲みつくようになっていた。

休暇旅行が、すみやかに実行に移されるべきときがきていること

いよいよ私は進退窮《きわ》まった。

仕事と〈ペリー〉の両面で行き詰った。

そこで深呼吸をして心を整え、問題を整理することにした。

まず確実なことからはじめよう。

〈ペリー〉による苦痛を軽減するためにも、私は引き続き旅をすべきである。

これが第一のテーゼ。

このテーゼにはとくに瑕疵《かし》はないように思われる。

だが、それを仕事にし、本格的なことを書こうとすれば、その悩みによって神経が昂ぶり、〈ペリー〉が悪化する可能性がある。

これが第二のテーゼ。

このテーゼは残念ながら現実であり、動かしようがない。

そうすると、自動的に、このふたつの命題から導かれるのは、次のような解しかない。

私には、もっともっと本格的でない旅が必要だ。

それはあの啓示に戻ることを意味していた。

旅を書く資格云々に拘泥《こうでい》して、せっかくの啓示をおろそかにしてはならない。〈ペリー〉は、右足の謎の痛みを通して、そのことを私に伝えようとしているのだ。

進むべき道ははっきりと示された。


サラリーマン時代、やっとの思いで手に入れた一週間の休暇旅行を思い出す。

あのときの、ただただ非日常を味わうためだけに出かけ、そして非日常を味わえただけで満足していた旅。

あれの復活が待ち望まれる。

あれが復活されなければ、私はいつまでも呪いから逃れられないだろう。

考えれば考えるほど、〈ペリー〉を凌駕するためにも、休暇旅行の復活が重要だ、という思いが増してきた。

今こそ、誰もがなしえなかったことをなさなければならない、という使命感を捨て、それどころか見聞を広めようという野心すら放棄した、純粋ピュアな旅が求められている。

好奇心があるときは好奇心の赴《おもむ》くまま、好奇心がないときは何もしないまま、たとえまとまりがなく、結果が中途半端であっても、眠いときは眠り、面倒くさいときは動かないなど、自分の気分と都合だけを優先して悔いのない旅。そんな旅を、すみやかに実行に移さなければならない。

だから今、私は高らかにこう宣言したい。

「旅行に行くので、仕事休みます」

それは昔サラリーマンだった頃に、何度も口にしたセリフであり、自分を救う無敵の言葉であった。

I 台湾

行き先は台湾がよさそうなこと

こうして私は、どこか好きな場所へ行って、ゆっくり休むことが決まった。すでに検討したように、これには合理的根拠があり、意図は明瞭で、コンセプトはシンプルだった。

そうと決まった以上、さっそくやるべきことは、行き先を考えることだ。

私が好みそうな旅先は、自分でよくわかっていた。

まず条件としては、アクセスが簡単で、食事も簡単に手に入り、宿も見つけやすい場所が求められた。他人の行かない場所へ行くためだけに、苦労して他人の行かない場所を目指すという空回りから、自由であるべきだった。

そして治安がいい場所であることも大切だ。休暇旅行に武勇伝は不要である。

さらになるべく物価の安いところがよかった。これは、旅費を節約したいという、ごくごく当たり前の意味でそうだった。

これだけの要件を満たす、できればあまり都会でない、人の多すぎない場所を目的地とする。

都会がダメというわけではない。都会にはたいてい観光スポットが集中していて飽きさせないし、海外ならデパートやマーケットをうろつくのは面白いし、思い立ったときすぐに食事にありつけ、その内容も気分に応じて微調整できるうえ、お土産だって探しやすいから、私もつい長居してしまったりする。だが、本当に心休まるのは、あまり人が多すぎず、逆に少なすぎもしないところだった。

その意味で地方都市近郊ぐらいの町や村がしっくりくるように思われた。

やはり自然が身近にあればほっとするし、混雑のなかを歩かなくてすむからだ。

ちなみに、しっくりくるという意味でなら、豪奢な高級リゾートに滞在するのも私自身は非常にしっくりくる。

——のだが、これまでの数少ない経験から察するに、相手のほうで、私がしっくりこないようであった。食事のときはジャケット着て来いなどと、まるで上司のような難題をつきつけて、困らせようとするのだ。そんなしわになりやすいものを、ザックに入れて持ち運べというほうがどうかしている。

何もザックに詰めなくたって、羽織っていけばいいと人は言うかもしれないが、そういう人は、ジャケット着てザックを背負う姿がいかに滑稽か、一度考えてみるべきである。

ともあれ、以上のような条件で、旅の目的地を探してみると、そんな場所はいくらでもあることがわかった。まともに選ぼうとすれば、南極にいるペンギンのなかでどれが一番かわいいか決めるぐらい困難な作業になりそうだった。

そこで、今現在の気分として、冬の日本を脱して暖かいところへ行きたいというのと、地平線が見えるような茫洋とした場所には行きたくないという、ふたつのふるいにかけて対象を絞りこむことにした。

昔は、地平線が見える土地に大きな憧れを抱いたものだが、今はそうは思わない。地平線が見えるということは、周囲にほとんどものがないことを意味し、現在の私は、どちらかというと、なんかこうチマチマしたものに埋もれて身を隠したい気分だったから、地平線が見えるような場所では、チマチマしたものがなくて困るにちがいなかった。

検討の結果、私は台湾に行くことにした。

これまでにも台湾には何度も行っており、今さら見てみたいものや行きたい場所はなかったが、そもそも最初から台湾にそんな場所はなかった。日月潭《リーユエタン》も太魯閣《タロコ》峡谷も行ったことはないけど行かなくてもいい。

でも、だからといって台湾に魅力を感じないのとは違う。会うべき人もおらず、用事もなく、さらに行きたい場所までないとなれば、休暇旅行に最適であり、なおかつ、あの小さな国は、国中が雑然とした印象があり、現在の気分にも合っていた。

【参考】台湾人についてのささやかな事前情報

自称台湾人のジョルジュ・サルマナザール（一六七九？―一七六三）が書いた『台湾誌』なる書物によれば、一八世紀、台湾の庶民はこんな感じだった。

ボロボロの文庫本を一冊、旅の荷物に紛れ込ませること

休暇旅行の行き先も決まり、チケットも買って、あとは荷作りである。

旅の荷造りにおいて、旅先の気候や状況に応じた服装選びも大事だが、私の場合、一定の気温に対応できる自前のストックは限られているから、どの服を持っていくかはほぼ自動的に決まる。それは選ぶというより、探す、に近い。となれば、それはもう、機械がやるような単純作業と同じだから、旅へ向けての準備、気持ちの上での助走にはなりえない。

そんなことより、大切なのは、持っていく文庫本を選ぶことだ。

長旅でなければ、旅先で本を読む時間はあまりない。だからせいぜい多くて一〇冊、一週間程度の旅ならば、五冊も持っていけば十分だ。その五冊さえも読まない可能性が高い。

ならば五冊も持っていかなければよい、という声が聞えそうだが、まったくその通りだった。一冊の本をまるごと読むのは、それなりに拘束力のある体験だから、移動中か、よほど時間が余ってるときでないと、読む気が起こらない。

だがそれでも、旅に本は必要である。

まず第一に、読んでいる間、現実を忘れることができる物語は、あの恐ろしい飛行機のための用心として、つまり航空安全のために必要である。

第二の理由として、切迫度は落ちるが、どこかのんびりとしたリゾート地などで手持ち無沙汰になったときに読みたいということもある。

実際、今度の旅は、そうやってどこかでのんびりやろうという心積もりだから、未読の小説をいくつかザックに詰めておかなければならない。

そして、私の場合、そんな旅に持参する本のなかに、すでに読んで気に入っている文庫本を一冊入れるのが習慣になっている。いつの頃からか、そうやって旅するようになった。

気に入った本は何度も読み返すタイプなので、そういう文庫本はカバーがボロボロになって、というより、たいていの場合もうなくなっていて、やや厚めのつるつるしない表紙がむき出しになり、染みたり、焼けたり、ひどいものは中のページが外れたりして、一見すると、宣伝とか批評とか発行部数とか印税といった一切のしがらみから解脱した、本の仙人みたいな感じである。

あらゆるものを捨て去って、かえって凄みが増したというか、凡人にはただのみすぼらしい老人にしか見えないが、その正体は役行者《えんのぎょうじゃ》というような、そんな存在だ。持っていくとは言っても、もう読んだ本だから、最初から読むことはまずない。

時々、てきとうにめくってランダムに読む。

行列中の手持ち無沙汰なときに取り出す。トイレが長くなりそうなときに持ち込む。活字に飢えてきたなあというときにちょっと手に取る。退屈を感じたら、即座にページを開く。気に入ってるから、どこを読んでもハズレがない。

まれに興がのって何ページも読み進むこともあるが、一度に一〇ページ以上読むことは少ない。せいぜい五、六行も読めばいいほうだろう。

それでもその正体は役行者だから、ランダムな五、六行に世界の真実、宇宙のすべてが詰まっている。

そして結果的に言うと、旅行中もっともページを開くのがこの本なのである。

私はそれをいつもジーンズのポケットに入れておく。あるいはベルトポーチのようなものを身に付けているならそこに入れることもある。それはもう、ミネラルウォーターのペットボトルなどと同じ、生活必需品だ。

最近では、何か書きたいときにも開いて、余白をメモに使うようになった。言葉は通じないが漢字が通じる国で、相手と会話するときに、その余白を使うこともある。

そこに書かれる言葉は、本の内容とは何の関係もない。

ボロボロの文庫本が、旅の会話帳になり、メモ帳になり、日記帳になる。

普通なら大好きな本を汚したくないと思いそうなものだが、文庫本なら気にすることはない。汚れが気になったらまた買えばいい。

今では、大好きな本だからこそ、いろいろ書き込みたいと思うようになった。そうすることで旅が文庫本に練りこまれていく。旅と文庫本の一対一対応の関係が重ねられていく。

あのときの旅は、この文庫本。

旅を象徴するボロボロの文庫本。それはもう旅の化身である。

ここで、同じようなやり方で本を利用したいという読者のために、少しばかり余白を用意しておいた。ささやかな心遣いである。

そうして文庫本五冊（うち一冊はボロボロ）が入ったバックパックを背負って、私は成田空港へ向かった。

空港におけるアナウンスの重要性と、いつも機内用の新聞を取り忘れる件について

海外旅行というものの改善すべき最大の問題点は、ほとんどの場合飛行機に乗らないと海外に行けないという理不尽さである。飛行機という乗り物の悪辣卑劣、極悪非

道な性質について、私はこれまでにも何度か書いたことがあり、それでもいまだ書き足らず、さらに多方面から十二種類以上の違ったアプローチで語ることが可能だが、そんな大の飛行機嫌いの私でも、空港には一目置いている。

空港は素晴らしい。

巨大な空港には、これから始まる旅への期待と緊張が満ちている。（経験上、国内線などの天井が低い空港にはとくに満ちていなかったから、チェックインカウンターが、空中ブランコができそうなぐらい高い天井の下にある大きな空港に限る。期待と緊張は、あの天井の下の大空間に、目には見えないダークマターのように満ちているのだ）

「ＫＬＭオランダ航空第一九〇便アムステルダム行きは、ご搭乗の準備ができました。ご搭乗のお客様は急ぎ一七番ゲートまでお越しください」

私が行くのはアムステルダムじゃなくて台北だけど、べつにロサンゼルスだって、バンコクだって、シドニーだって、どこだっていい。とにかくあのアナウンスは重要である。

あのアナウンスこそが空港であり、私の見るところ、空港の大きな建物は、アナウンスを反響させるために建てられている。

旅は、アナウンスを耳にした瞬間に始まる。あのアナウンスによってかぼちゃが馬車になり飛行機になり、ネズミが御者になり客室乗務員になって、それに人が乗って海外に行くのである。

つまり、呪文なのだ。

「非日常へようこそ」

アナウンスの前に流れる、ピンポンパンポンという響きも、何か特別な回路を通じて、脳に働きかける。

そうしてアナウンスに浮き足立った私は、売店に行って、こまごましたどうでもいいものを購入する。携帯用の濡れティッシュや、絆創膏や、耳栓などである。もし濡れティッシュや耳栓が気に入らなければ、何か安くて軽くて小さくて持ち運びに支障のないもの。それが必需品だからというよりも、呪文を聞いた以上、じっと手をこまねいていることは不可能という、催眠効果のひとつとして購買行動を起こすのである。

私は、濡れティッシュを買った。

きっと、どこかの町の屋台に座って、これで食事前の手をきれいにすることだろう。あるいは食べ終わったあと口元を拭くかもしれない。とにかくそれは、台湾のどこかの町のエキゾチズム溢れる屋台で使用されるのだ（結局使わなかった）。

その後ボディチェックのゲートを抜けて、イミグレーションでそっけないスタンプをもらい、ゲート近くの売店でお茶のペットボトルを買ったら、あとは搭乗口前の大きなテレビでやっている、もはや猛暑だろうが、極寒だろうが、台風が来ようが、花粉が飛ぼうが、どうだっていい日本の天気予報を眺めながら、なるべく飛行機のことを考えないようにして時を過ごすのである。

そして非常に残念なことだが、空港に対して大いに盛り上がりつつあった好感が、急速に醒《さ》めていくのはこのあたりからだった。

周囲を見回せば、これから同じ飛行機に乗る搭乗客たちが、何食わぬ顔で出発時刻を待っている。このなかには絶対に、最低でも三割ぐらい、いやひょっとすると五割以上の反飛行機主義者が紛れているはずなのだが、みなこれから乗るのは観光バスかお座敷列車だとでもいうようなポーカーフェイスでくつろいでいる。

私自身、渡航先でのビジネスのことで頭いっぱいというような表情で、飛行機のことなど眼中にないふうを装っているが、本当は飛行機のことで頭がいっぱいである。そもそも渡航先にはビジネスなんか待っておらず、お気楽休暇旅行なのであるが、今は全然お気楽どころではない。

私は思う。

世界中の空港同士を電車で繋ぐことはできないのだろうか。あるいは滑走路を互いに繋いで、そこを飛行機が走っていったらどうなのか。途中には海とか山とか、いろいろ滑走路の増長を喜ばない勢力もあるかと思うが、そこをなんとか説得し、飛行機と地表との絆をより深めることはできないのだろうか。

この頃には、空港への好意はすっかり消えて、まるでそこが病院か何かであるように感じられる。アナウンスにときめいた私の心境はすっかり変化し、今や手術台に向かう患者の気分に等しい。

出発時刻がきて、搭乗ゲートから機内に続くチューブ状の長い廊下を、私はストレッチャーに乗せられて運ばれていく。そして点滴の落ちる速度が速すぎることや、酸素吸入器の酸素の勢いが弱すぎることに気をとられて、機内で読む新聞を手に取るのを忘れてしまう。

飛行機恐怖症を少しでも軽減するには

私の長年の研究により、飛行機の恐ろしさの真の姿について、徐々に判明してきたのは、それは墜落への不安というよりも、軽自動車の座席よりも狭い非人間的なシートに縛り付けられた窮屈な状態で、過去のあらゆる航空機事故をくりかえしうっすらと想起しながら、何時間も過ごさなければならないことへの恐怖だということである。

機内にいる間、私の頭を支配している思考は、

あと何時間か、

の一点に尽きる。

そんな長時間、体をほとんど動かすこともできずに不安と闘い続けた場合の発狂可能性、精神崩壊の現実味について危惧しているのである。あんな巨大で重たいものが空に浮かぶなど信じられないというような単純な話ではないのだ。

だから、せめて席を離れ、思い切り走ることができたらどんなにいいか。体を思う存分動かすことで、一瞬でも頭をからっぽにできたら。もっといいのは、機体の後部に設けられた広い外部デッキに出て、思う存分外の空気が吸えたら、どんなに快適なことか。

しかし実際は、私の心は、デッキどころか、奈落へ続く、つるっつるの滑り台の途中にあり、手足に滲《にじ》むあぶら汗の粘着力でもって長時間その場に踏ん張り続けているかのような、そんな拷問的時間が続くのである。

発狂を防止するため、この飛行機が事故を起こす確率について合理的に考えてみる。

少なくとも事故が起きない前提があれば、寝てしまうことによってなんとか耐え切れるはずだ。

調べたこともないが、仮に飛行機事故が起きる可能性を一〇〇万分の一以下とする。とするなら、その一〇〇万分の一の飛行機に乗る人は必ずいるということであり、一〇〇万分の一なんていうのは、そんなのは新聞で飛行機事故について読んでいる人にとっての確率だろうが！　実際に乗ってる本人にすれば、この飛行機がそうでないという確率は、〇か×かの二分の一なんだよ！

……と、そういうことを考えるのがいけないことは、これまでの経験からわかっている。だが、考えまい考えまい、と考えてみたところで、その時点でもうすでに敵の術中にはまっているので、ここはできれば眠ってしまうのが一番いいのだけども、これほどの緊急事態でぐっすり眠れる人などいるはずもない。

そうだ。このときのために文庫本を持ってきているのだと、取り出して、ページをめくってみるが、まったく頭に入ってこない。

だから私は映画を観た。

観たのは『希望の国』という原発事故に翻弄される市井の人々を描いた映画で、みんなみんな放射能でわやくちゃになっていた。

飛行機よりも放射能のほうが怖い→飛行機なんてたいした問題じゃない、という理屈で乗り切る作戦だったが、二重に救いのない気分になった。

そんなふうに、発狂を回避すべく苦闘を続けていたとき、ふと思い立って、〈ペリー〉撲滅用に医者にもらったリボトリールを飲んでみたところ、三〇分もするとだんだん頭の中がだらしなくなってきて、とにかくまあ、いろいろ考えるの面倒くさいというというつもの前向きな気持ちが蘇《よみがえ》り、〈ペリー〉用の薬には、航空事故を防ぐ意外な効能があることが確認された。

フタをした空のペットボトルを水に深く沈めて手を離すと、深ければ深いほど、飛び上がる高さも高くなること

飛行機が一億年ぐらいの長い時間をかけて目的地の滑走路に降り立ち、タラップが繋がって、客室乗務員に別れを告げながらゆるい上りになった空港への通路を歩き出すと、私はみるみる膨《ふく》らみはじめる。

機内とは異なる気温と匂い、窓の外に見える異国の山なみ、さらに通路から完全に

空港の建物内に移行した瞬間に、目に飛び込んでくる外国語の案内表示。
すべての苦労が報われる瞬間。
おお、私は今、外国にいる！

【参考】台湾人についてのささやかな事前情報2

台湾人ジョルジュ・サルマナザールが書いた『台湾誌』なる書物によれば、一八世紀、台湾の花嫁はこんな感じだった。

一泊目は、殺風景な宿がいいこと

台中のホテルで目を覚ましたとき、私は自分がとてもいいところ——とくに用事のない外国——にいるのを発見し、心が浮き立った。

あの恐ろしい人生最大の危機ともいえるフライトを（とくに揺れなかったが）無事乗り越え、台北近郊の桃園国際空港に降り立ったのが昨夜のことで、私はそのまま高速バスに乗って、台中に移動し、あらかじめインターネットで予約してあった駅前のビジネスホテルにチェックインしたのだった。

今思い出しても、あの恐るべきフライト（とくに揺れなかった）を何事もなく乗り切ったのは奇跡としか思えないが、それはもはや済んだこと。

私はベッドから起き上がり、ホテルの外へ朝食を探しに出た。

すぐそばにコンビニがあったので、そこで菓子パンと飲むヨーグルトを買った。コンビニは日本にもあるファミリーマートで、全家、と中国語で書かれていた。

部屋に戻って、菓子パンを食べながら、あんまり外国に来た感じがしないな、と考えた。風景も日本に似ているし、朝食を外で買ってきて部屋で食べるのも国内旅行のときと同じだった。

しかしそれでも私は心躍っていた。ついに休暇旅行にやってきたのだ。外国であろうとなかろうと。

これからいろいろと面白そうであることは、疑いの余地がなかった。

それにしても――、と私は思う。

旅の一泊目というのは、なぜこうも素敵なんだろうか。

日常から脱した最初の夜は（もうすっかり朝だが）、いつも驚異的で、新鮮だ。それは、夜というだけで驚異的であり、星が見えればそれだけで新鮮であり、星が見えなくたって、私がそこにいるというだけで奇跡的である。

この世のすべてのものが、一から学習してくれと言っているようだった。

今回は、宿も凡庸で殺風景で、素晴らしかった。

私の場合、一泊目の宿はただ泊まるだけと考えて重視しないことが多く、ただ安いだけがメリットのボロ宿だったりする。つまり一般的な意味で、まったく素敵な宿とは言えないわけだけれど、そういうボロ宿ならではの、自分が世の中から隔絶されているような味わいは、むしろ旅の始まりにもってこいである。

そのホテルは、ロビーが狭く薄汚れていて、エレベーターもガタガタと古い引き出しのように剛直で、灰色だった。

そのうえ部屋に入ると、浴室がドブ臭かった。ドブの匂いを強烈な石鹼の香りで無理やり封じ込めたような、そんな入り組んだ匂いである。浴室のドアを閉めてもかすかにそれは匂った。

今誰かが私宛てにメールを出しても、きっと電波は届かないだろう。建物の壁が見るからに鈍そうで、中に電波とか人情とかあらゆるものを通さない鉛的な遮蔽物《しゃへい》が入っているくさかった。

いわゆる圏外っぽいホテル。仮に電波は届いたとしても、この世界から圏外なのだ。

私は、このホテル〈圏外〉で一晩過ごしたことにより、自分が、ますます誰からも相手にされない原初の状態にゼロクリアされたと感じていた。

外国に来た感じはまだ希薄だが、日常の自分の感覚は消え去っていた。朝になって食べた菓子パンも、ファミリーマートも、日本とそっくりだったけれども、それでさえ何らかのイベントのように感じられた。

最初の宿は、殺風景であればあるほど、これから起ることをなんでも面白く受け入れられるようになるというワクチン的な効果があるのだ。

ホテル〈圏外〉における蛇口の啓示

ちなみに、なんでも受け入れられるようになった契機のひとつとして、昨夜のシャワー問題は、重要な鍵であったような気がするので、それについて書いておく。

昨夜、お湯シャワーがちっとも出なかったのである。

三分待っても、五分待っても出ない。フロントに電話をかけると、「テンミニッツ」と言われ、その間私は全身素っ裸のまま、水道から出る水に手をかざしていた。流れ落ちる水に手を入れていると、そのうちだんだん温かくなってきたような気がするのだが、残念ながらそれは錯覚で、逆の手に替えてみると水は冷たいままだった。

こういうことはホテル〈圏外〉では珍しくない。むしろサービスのひとつに数えられるぐらいだ。だから一〇分待てと言われても、私は寛容だった。これが自宅であれば大騒ぎになるところだ。ホテル〈圏外〉だからいいのだった。

ただ気になったのは、そうやって、ちっとも出ないお湯を待っているうちに、自分は蛇口をひねる向きを間違えているのではないかという疑念が湧いてきたことだ。

蛇口は、水とお湯のふたつの管が直前で合流するタイプで、そこにつっぱりのリーゼントヘアのような、セキレイの尻尾のようなハンドルがついていた。ハンドルには丸い印があり、左側の半円が赤く塗られ、右側は青く塗られていた。ということは当然、お湯は左の管から来るということだった。

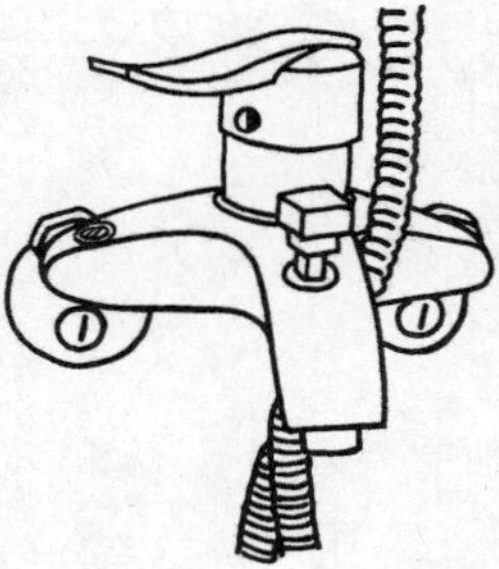

お湯が左から来るのは、左の管に、さわるな危険を意味する、手に×印のついた絵のシールが貼ってあることからも明らかだった。ただ、左からのお湯を蛇口に誘導するために、ハンドルを右にひねるか左にひねるかは、一考の余地がある問題だった。たしか自宅の洗面台の蛇口も同じような形式だったはずだが、果たしてハンドルを

どっちにひねっていたか、さっぱり思い出せない。

さしあたり私はハンドルを右にひねっていた。なぜならば、左からくるお湯を中央に導くのだから、ハンドルも左から右へ流れるような形であるべきだと考えたからだ。そうすると、ハンドルについている印も右に動いて、左側の赤い半円が正面に来る。すべてがお湯が出る未来を暗示しているように思えた。

だが、その一方でかすかに胸の奥にひっかかるものもあった。かつて同じように考えて裏切られたことがあったような、小さな違和感が胸の奥に残っているのだった。あるいは私は間違っているのかもしれない。

それでも、お湯は左から来るのだから、ハンドルは右へひねる。そのほうが流体力学的に合っている思う。そのほうが美しいとさえ感じる。人間工学面から考えても、美しいほうが正解であるべきだった。

それにしても、ちっともお湯は出ない。もう何分たったろうか。

そうやってお湯がなかなか出ないことにうんざりしながらも、私はやっぱり腹は立たなかった。むしろ、旅の初日にはこの程度に厄介なぐらいがちょうどいいとさえ思った。たとえ最終的にお湯と親しむことができなかったとしても、一日体が洗えないだけのことである。たいした問題ではなかった。

私は耐えているのがバカバカしくなり、ためしに蛇口を左にひねってみることにした。

そうすると、青い方の半円が正面にきて、蛇口の利用者である私と対峙《たいじ》することになった。水を表わす青い半円が、堂々と私と向き合っている。当然、これは、水を出しますよという強いメッセージであるはずだ。人間が使用するものには、そういう哲学があるものだ。

水の温度に変化はなかった。仮にこっちが正しかったとしても、お湯が出るのは今から一〇分後なのだ。間違っていたとわかったときには、またあらためてハンドルを右にひねることになるだろう。問題は何分待った時点で間違っていると断定できるかということだ。

だが、待てよ。

ちなみに、そうなると、これまで右にひねった状態で待った七〜八分は、チャラになってしまうのだろうか。ゼロクリアされて、また一から始めることになるのだろうか。だとしたら、もう少し右で粘ってからでも遅くないのではないか。

ハンドルの向こうに長い長い水道管が続いているのが、目に見えるようだった。長い長い水道管の先にあるボイラーから、お湯がじわじわと私めがけて上昇を続けている。あまりに長いために途中で冷めてしまいそうなほどだが、お湯はたしかに息せききって駆けつけている。

で、それがあともう少しで私の元にたどり着くという時点でハンドルが切られたのだ。これまで上昇気運だったお湯は、その場でぬくもりを保ったまま私が心改めるのを待ってくれるだろうか。一切の断熱効果を期待できない安い水道管のなかで、あっという間に冷え切ってしまうのではないか。

そうだ、まずは右にきっちりかたを付けるべきだ。

そうしなければ私は、信じてやれなかった自分を悔やむことになるだろう。

熟考の末、私はハンドルを右に戻した。

さっきまで上昇気運に乗っていたお湯たちが、喜びの声をあげ、ふたたび私に向かって進み始めた(ような気がした)。

しかし出ない。出ないったら出ない。

お湯は、もう出ないのかもしれなかった。

お湯が出ないのは、ホテル〈圏外〉の醍醐味のひとつである。

寒くなってきたので、私はいったん脱いだ服を着て待つことにした。

水を出しっぱなしにして、ベッドに戻り、日記を付けた。しかし初日だったから何も書くことがなく、すぐに終わってしまった。調べに行くと、水は水のままだった。

私は少しだけイラだったが、すぐに優しい気持ちに戻った。

もう許してやるべきかもしれない。お前はよくやった、よくがんばってくれた。そう蛇口に言ってやるべきかもしれない。私は明日は違う宿に泊まる。べつに今日シャワーが浴びられなくたって、そこで浴びればいいことだ（明日のホテルの蛇口も同じ形である可能性については、今は考えない）。

追い詰められているのは、蛇口のほうだ。私は、出来ない生徒に、なんで出来ないんだと叱責する冷酷で非人間的な教師のようだった。

もう十分だ、と私は思った。こんなことは、もう十分だ。

無能な蛇口にも最低限の尊厳はあるはずだ。ただお湯が出せないからといって、それを侮辱するのは非人道的な行為だ。

そうしてついにお湯シャワーをあきらめ、今日はこのまま寝ることにして、戯《たわむ》れにハンドルを左にひねってみると、一〇秒もしないうちにお湯が出たのだった。

鹿港《ルーカン》でいい宿に出会わなかったこと

今回の旅は、台湾中部、彰化《ツアンホワ》県の鹿港という町に滞在するのが、目的だった。いつもは行き当たりばったりな移動を続けがちな私だが、今回はそういう面倒なことをやるつもりはなかった。

当初は〈ペリー〉撃破のため、温泉で休養することすら考えていた。台湾には温泉がたくさんある。だが、行こうと決めた温泉は、調べてみると数年前の台風で流されていた。被害が尋常でなく、町ごと移転を検討しているらしい。ネットにそう書いてあった。

そうと知ると、温泉に行くならその消えた温泉以外ありえなく思えた。その温泉こそが、キング・オブ・台湾の温泉であり、それを倒さない限り、台湾の温泉がひた隠す伝説の秘宝は決して手に入らないだろう。

しかし、もうないものは仕方がない。

そこで温泉はやめて、どこか小さな町に滞在してのんびりする方針に変更し、ガイドブックをめくって、鹿港に決めた。

鹿港は、かつて港町として栄え、今は栄えていない町とガイドブックにある。港はずっと沖の方へ移ってしまったのだそうだ。海の方で離れて行ったのである。そうして大きな天后宮、すなわち媽祖《まそ》信仰のお宮と、迷路のような古い街並みが残された。いかにも通俗的な観光客が好みそうな場所であり、私も好みであった。とくに、迷路のような、というところに惹かれる。そういう町には、たいてい夕暮れになると、半魚人のひとりやふたりは歩いているものだ。半魚人に出会えれば、充実した休暇になりそうだった。

台中からバスでたどりついてみると、鹿港は、雑然とした小さな町だった。目抜き通りは狭く、例によって、両側にびっしりと看板が並んでいる。

まるで町じゅうで看板を展示即売しているような道路上の光景は、中華文化圏の町の特徴だ。初めて見たときはそれだけでワクワクさせられたものだが、今はそう簡単にはいかない。赤、緑、黄、紫、青と、虹のように看板が並んでいても、長年の経験により、ほとんどの場合、看板の下にお伽の国などないことがわかっているからだ。あるのは、バイクの修理屋、オフィスの入口らしき閉じたドア、大きな袋が積んであるる倉庫みたいな店、電器屋、まれに食堂。何の変哲もない歩道。さらに電線と、路上駐車の車、バイク、ゴミ箱、工事現場、セメント袋、看板が言いたいことのすべてだった。もうだまされない。

とはいえ、この街のどこかに、のんびりした一画――私好みの、かつての港町の記憶をとどめる、迷路のような一画が、隠れているはずだ。

さっそく宿を探すことにした。

二泊目の宿は、一泊目のようにはいかない。ボロくて、浴室がドブ臭いホテル〈圏外〉などごめんだった。あれは、最初の夜で通過点だから受け入れられるものだ。

観光案内所を訪ねると、英語を話さないおばちゃんスタッフが、ホテルならここへ行けと、街の中心に建つ高級ホテルを紹介してくれた。

高級ホテルは嫌だ、泊まりたいのは、もっと小さくて安くて、それでいて清潔でセンスある宿だ、と思ったが、案内所にあった地図を見ると、あまり選択肢がないのがわかった。

私は高級ホテルへ歩いていき、重厚なフロントで値段を尋ねた。すると、一番安い部屋で、一二〇〇台湾ドル（約三八〇〇円）とのことだった。ない話であった。

ふたたび観光案内所に戻り、民宿はないのか、と尋ねた。すると、民宿はもっと高いとの返事だった。

高級ホテルより高い民宿に興味が湧き、急きょ金のことはどうでもよくなって、それに泊まってみたいと答えたところ、おばちゃんたちは民宿がどこにあるか知らなかった。そこでどこかに電話をかけ、何やら話し込んだのち、電話をかわるように言われ、出てみると、片言の日本語で安ホテルの場所を教えられた。

安ホテル？　民宿を教えてくれるんじゃなかったのか。すっかり民宿に思いを寄せていたから、気が抜けた。

安ホテルは目抜き通りをしばらく下った先にあり、狭いけれど清潔で、悪くなかった。最初にここを紹介されれば何の不満もなかっただろう。だが、今となっては、民宿に泊まるアイデアが惜しまれた。

きっと旅慣れた人なら、ここで安易に妥協せず、徹底的に民宿を探して歩き回るにちがいない。もしくはネットで探すかもしれないが、いずれにせよ、こんなありきたりなホテルに泊まらないはずだ。

そう考えると、みるみる私はつまらない気分になっていった。

きっと、この町のどこかに、旅慣れた人たちの集う居心地のいい民宿があるにちがいない。そこでは、旅慣れた人たちがテラスで旅慣れた会話をし、旅慣れた現地のおつまみとか食いながら、旅慣れたげっぷをしたり、旅慣れたフットマッサージをお互いに試したりして、この町で旅慣れた人が訪れるべき秘密のスポットや、次の目的地にある旅慣れた民宿について情報交換しているだろう。そして私は、その場所を知らないまま時を過ごし、この町の持つ最良のものを手に入れることなく、日本に帰ってしまうのだ。

こんな残念なことがあるだろうか。

私は過去の楽しかった経験を、この休暇旅行に投影していた。かつて経験した、心の底からリラックスできた旅、それを私は再現しようとしており、それには宿の記憶が非常に重要な要素として、埋め込まれていた。

実際、長い旅をしていると、素晴らしい宿に偶然めぐり合うことがある。清潔でアットホームで、面白い旅人が集うような、そういう宿にこれまでたびたび泊まってきた。

毎日アイスティーを飲みながら二階のベランダから海を眺めたフィリピンの安リゾート、北パキスタンのインダス川に面した他に誰も客がいなかった清潔なゲストハウス、屋上から巨大な城郭が眺められた家庭的なインドの民宿、世界中の旅人が集まって楽しくにぎやかだったイスラエルの小さなホテル。

そんな宿に泊まれたときは、いい旅ができたと心から思う。どんな観光地よりも、その宿が印象に残ったりする。

ひょっとすると、自分がこのたびの休暇旅行に求めていたものは、素晴らしい宿で無為な時を過ごすことだったのかもしれない。

よほどの冒険行でない限り、宿は旅の土台であり、それを練りこむ生地であり、中心的な何ものかであった。休暇旅行となれば、なおさらだ。旅の印象の五〇パーセントを左右するものと言ってもよかった。

一泊目に敢えて殺風景なホテル〈圏外〉に泊まったのはそのためだったと、確信できた。あれは落差を楽しむための準備だったのだ。

そんなにいい宿に泊まりたいなら、あらかじめきちんと調べ、できれば予約してから来るべきだと人は思うかもしれない。

そうしなかったのは、宿は自分の目で見てから決めたいという思いと、もうひとつ、旅行中どこで気が変わるかわからないという、現地では気の向くままに動きたい、気分が変わって行き先を変更したくなったときのために、出発前になるべく何も決めずに、自分をフリーにしておきたいというあまのじゃくな欲求のせいである。

つまり、状況は、なるべくしてこうなったと言えた。

安ホテルのそこそこ清潔な部屋に荷を解きながら、私は、まだ観光ひとつしていないのに、今回の休暇旅行が残念なものになりそうだという予感に包まれ、落ち込んだ。

のんびりしたい気分のときに、雑然とした町に来る理由

鹿港の町は、古くから残る迷路のような路地が見どころである。

私は、つまらない気分を引き摺《ず》りながら、路地を散策した。

安ホテルを出たときは、今からでも明日以降の素敵な宿を探すつもりだったが、歩いているうちに大儀になって、すっかり探すのをあきらめていた。

なにしろ、どこにも宿がなかった。それは隠れ家のようにしてあり、通行人にはわからないようになっているのかもしれないし、もともとそんな宿は存在しないのかもしれない。何の手がかりもないなかで、いつまでも町中を探しまわる気力は私にはなかった。

路地は曲がりくねって、たしかに迷路的であった。

ただ実際に迷ってしまうほど複雑ではなく、私はどこにいても、自分が町のどのへんにいるか把握することができた。

困惑したのは、どんな路地にも観光客が歩き回っていることだった。人ひとりが通

れる幅しかない摸乳巷《ムオルーシアン》（鹿港の有力観光スポット）には、入口に順番待ちの列ができていた。レンガの壁は赤く塗られ、訪問者の落書きで埋め尽くされていた。

天后宮のあたりはさらにひどかった。人だけでなく車やバイクもいっしょになって道を埋め尽くし、のどかな町の面影はどこにも見当たらない。

もちろん私に文句を言う権利などないのはわかっている。いかにも観光客が好みそうな町であることは最初から知っていたことだ。なにより私自身が、観光ガイドブックを見てここに来た純然たる観光客であった。私みたいなのが来るから混雑するのだ。

そんなに人ごみが嫌ならば、そもそも台湾など来なければよかったのではないか、モンゴルの草原とか、ヒマラヤの高地とか、ミクロネシアの島にでも行けばよかったのではないか、という思いが一瞬脳裏をかすめたがこれはすぐに否定した。

人ごみを避け、のんびりしたいのは事実だが、それと同時に私は何か、ごちゃごちゃとした小さなガジェットに埋め尽くされた、見通しのきかない混沌とでもいうべき何かに惹かれてもいたのだ。

それは広い世界に出て行くというよりは、日常の中から外に出る回路を見つけたい気分というのだろうか。言葉で説明するのは難しいが、日常の風景と接続可能な地続きの桃源郷でなければ、結局は幻想に終わってしまうというような、あまりに日常とかけ離れてしまっては真の脱出はできないというような〝冷めた洞察〟が胸の底にあるのだった。

その意味で、鹿港は、なんでもない日常的な光景のすぐ隣に、非日常への入口がぽっかり口を開けている、そんな発見がありそうな土地に思えた。半魚人的な何者かが、路地の物陰に息を潜めていてもおかしくなさそうだった。

私は家の近所でも散歩するかのように、鹿港の町を歩いた。

その土地の人々が、日常から逃避するために日常的に利用している非日常的なもの

結果的に中心部から弾き出されたかたちで、私は町の周縁にある寺や廟やお宮を回った。

人いきれにざわついた心をなだめてくれたのは、そうした寺院や廟にある数々のレリーフだった。

故事や伝説の彫り込まれた門柱や壁絵の前に立つと、あたりの喧騒から意識が遊離して、安らぎを覚える。たとえその物語を知らなくても、そこに彫られた神仙や農夫の表情を眺め、動物や植物の姿を愛《め》でるだけで、ここではないどこかに誘われるようだった。見事なそれらの出来栄えに、これからは世界中のレリーフ巡りに余生を捧げようと、安易に思ったほどだ。

思えば、どこへ行っても、こういう小さな世界に目がいってしまう。

そこに閉じたひとつの世界が描かれているようなミニチュア。

日本を出て、馴染みのない国に来ているにもかかわらず、さらに、もっと別の、決して立ち入ることのできない過去の世界や、伝説の世界、架空の世界に心惹かれ、我を忘れることが少なくない。

どんな国であれ、現実の世界は、そこに入り込めば入り込むほどその国における日々の暮らしが見えてくる。そこには社会があり、世間があり、学校や家庭まであって、その結果、しがらみや責任やわずらわしいもろもろの事どもが、ぼんやりと目の前に立ちあらわれて、ああ、ここにも、と思う。

私が旅に出るのは、そういうわずらわしさから距離を置きたいからで、旅行中はなるべく、しがらみのない世界に心遊ばせたい。

そうなると、日本とはかけ離れた土地に行きさえすればそれでよし、という簡単な話にはならず、むしろそんな非日常的な土地で日常的な光景を見せつけられると、逆にどこまで行っても脱出できない、お釈迦様の手のなかで飛び回る孫悟空のような幻滅を覚えるのである。

だから私は、どこへ行こうと、その土地における〝日常から脱出する回路〟のようなものに惹かれてしまう。

かつては、そんな逃げ腰ではダメだと自分を戒《いまし》めていた。旅とは、日本の日常から、外国の日常へと身を移し、日本の日常を相対化することだと思っていた。

そのためにはなるべく多くの人と知り合い、話をし、その価値観を知り、自分にひきつけて考えなければいけない。

それなのに、現地で知り合った人にうちに泊まりにおいでと言われると、多少の好奇心が働く一方で、やっぱり、面倒くさい、と思ってしまう自分の正直な気持ちは、長い間、劣等感の源だった。そこに「劣等感発祥の地」と石碑を建ててもいいぐらいだ。自分ほど旅することの本当の価値を、みすみすドブに捨てている人間はいないだろう。

だが、今では性格的に無理なことは無理だと、軽やかにあきらめ、どこへ行こうがその土地の日常から遠ざかることを目指している。少し正確に言えば、〝その土地の人々が、日常から逃避するために日常的に利用している非日常的なもの〟を知らず知らず探している。

それが私の、自慢にもならない旅のスタイルだった。

旅はときどき奇妙な匂いがする

旅はいつも美しくコーティングされた姿で、これから旅をしようと検討する者の前に差し出される。まるで旅先ではハエなど決して飛んでいないかのように。

しかし現実にはハエは飛んでおり、ハエどころか血を吸う蚊も飛んでおり、想定以上に蒸し暑く、疲れているのに、なかなか座るところが見つからない。

そしてときどき奇妙な、あまり心地よいとは言えない匂いがする。

三山国王古廟のレリーフ

鹿港で見るべきものはレリーフだと気づいた私は、他のものには目もくれず、ひたすらそればかり見て回った。

鹿港には濃厚で緻密なレリーフに覆い尽くされた寺や廟がいくつもあった。どれも技巧に優れており、ひとつの寺だけでも、よくぞこれだけ作ったと思うほど、膨大な量があった。

できれば、ひとつひとつの表情、その肢体、その物語をすべて観賞し尽くしたいが、あまりの量と、天井や高い壁など近づけない場所に彫られたものも多くあって、断念せざるを得なかった。こういう場所は、予算をつけて、なるべく無重力にしてほしい。

そんななかでも、もっとも私の琴線に触れたのは、中心部に戻って立ち寄った三山国王古廟だった。

門扉に彫られたレリーフが、私を睨んでいた。

べつにそのような絵柄が彫られていたわけではなく、門扉のレリーフ全体が、お前にわかるか、とでもいうように上から目線で私を睨《にら》みつけているように感じたのだ。その、青く縁取られ、赤く塗られた幾枚かの板に彫られていたのは、花瓶や鳥や蝙《こう》蝠《もり》などの吉祥文様と、私にはわからない何らかの故事を表わしたと思われる人物たちの姿であった。手押し車を押す人物や傘を捧げ持つ人物、幾人かは馬に乗っていた。それはまるで台湾のものではないかのような色だった。とくに青が違うのだった。透明感のある青。

私ははじめ、その鮮やかな青と赤の対比に目を奪われていたが、やがて馬の白や、人物の着る服の黄土色が、その対比を引き立たせていることに気がついた。古いものの持つ辛気臭さを突き破るようなポップな色彩感覚。

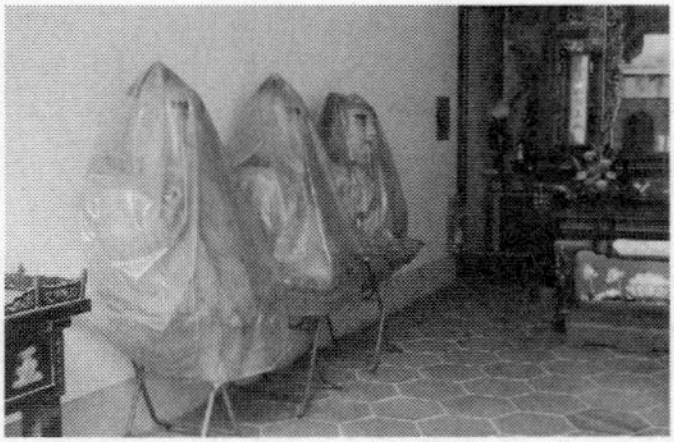

モチーフのなかでは、ずんぐりむっくりした馬のほか、斜めに傾いだ門や、レンガ作りの建物の丸窓などに目が行った。登場人物にしても、みな体に比して顔が大きいなど、表現が精緻過ぎず、全体にゆるさが滲んで、すべてが無垢でユーモラスな印象を与えている。

うまく説明できないのだが、いい美術品、いい工芸品というものは、何かしら、そこに置いたときに、しっかりと掛け金がハマるように、ストンと一段落ちて、座りがいい感覚がある。一方で、とんがっているだけの作品や、美しくまとめただけの作品は、掛け金がしっくりこなくて、どこかキンキンと耳障りだったり、ガタガタ落ち着かなかったり、今にも倒れてしまいそうな感じがする。

自分の掛け金だから自分がそう感じるのは当たり前かもしれないが、三山国王古廟のレリーフはしっかりと私の中に落ち着いた。

私はもちろん、自分の審美眼が世間にあまねく通用するなどとは思っていない。けれど少なくとも私にとっては、これは日本でいう重要文化財級のレリーフだった。そして肝心なことは、私にとってそうであることが、私にとってはすべてであるということだった。

そんなわけでこれは世界的に素晴らしい作品だと、私のなかで認定された。

私はそこに立ったまま、首が疲れるまで、二、三〇分は眺めていた。

できれば地元の老人にでも、このレリーフの来歴について語ってもらいたかったが、周囲には誰ひとりおらず、時間が経っても、誰も来なかった。

仕方ないから廟の中に入って、誰か関係者にこの感動を伝え喜んでもらおうと思ったのだが、中にも誰もおらず、祭りで使うものだろうか、不気味な三体の坊主の被《かぶ》り物が、ビニールをかけた状態で置かれていた。

それは、ふおっ、ふおっ、ふおっ、と今にも笑い出しそうな表情でそこにあり、何度見てもそこにあり、その固まった笑顔で、無慈悲なオーラを放射し続けていた。

髪型工作室

町を歩いていると、交差点に、髪型工作室という大きな看板が出ていた。髪型を工作するところだろう。この国では、散髪に段ボールやガムテープ、カッターなんかを用いるのかと思わせるネーミングだ。さしずめヘア・スタイル・ファクトリーとでも訳すか。だとしたとき、そのネーミングも英語圏では、髪型工作室のように、段ボールやガムテープ、カッターなんかを使うように聞えるのかもしれない。

私は、髪型を工作してもらうことにした。

店に入り席に座ると、店員が「どんな髪型にするか」と訊いてきた。言葉はまるでわからなかったが、それ以外に何かを訊かれるはずがない。

私は英語で

「一か月前の頭に戻してほしい」

と言った。プロなら現状から一か月前を類推することができるだろうと思ったのだった。しかし英語は通じなかった。

店員は、ｉＰａｄを持ってきて、この画像のなかから選んでくれ、と身振りで言った。

私は自分で自分の一か月前を想像した。

その結果、それが店員のｉＰａｄの中で、アンディ・ラウの髪型に相当することを私なりに発見した。それから私は、果たしてこのアンディ・ラウを指差して、こういうふうにしてほしいと指示を出していいものかどうか考えた。

ずっと昔のことになるが、学生時代、私の後輩が当時人気だった真田広之のグラビアを持って美容院に行ったことがあった。そして見事に真田広之の髪型になって帰ってきた。実に痛ましい事件であったと記憶している。後輩の顔が、相撲取りのようだったからだ。

私はアンディ・ラウの髪型になる危険性を熟知したうえで注文する必要があった。

しばらく熟考を重ね、やがてここは外国であることに気がついた。旅の恥はかきすて、とも言うではないか。あとで間違いに気づいたら、また別の髪型工作室に行けばいいのだ。

そんなわけで私はアンディ・ラウを注文し、まさしくその髪型になって、店を出てきた。

そうしてアンディ・ラウで固定したまま、鹿港を立ち去ることにしたのだった。

第二候補の町も休暇的でなかったこと

台南の駅を降りると、そこはあまりに都会だった。何でも手に入りそうな気安さがあり、元の木阿弥であった。はるばる飛行機に乗って、新宿にやってきたような元の木阿弥感である。

台南には、郊外にある安平《アンピン》という町がのんびりできそうだと踏んでやってきたのだった。ガイドブックに、のどかな田舎町の佇まいを見せる安平の写真が掲載されていた。オランダ人が作った古い砦があり、今は博物館と公園として整備されているという。

鹿港での失敗を挽回すべく、私はバスに乗って安平へ向かった。

事前に何も情報収集をせず、ただ一冊の観光ガイドブックだけを持って台湾にやってきたことを後悔していた。あまりに素人臭い旅のやり方だった。もう何度も旅をしているのに、なんという体たらくであろう。

しかし一方でそれは自分がそのように仕向けたことでもある。

素人臭い休暇旅行がしたかったのだ。誰も行かない場所を目指したり、現地に溶け込んだりしない、本格的でない旅。休暇旅行。

達人を装うのはもううんざりだったし、素人臭くない感じにする準備が面倒くさかった。

そもそも旅行の準備それ自体面倒くさかった。

旅行の中身は休暇であっても、準備する内容は取材や出張とほとんど変わらない。つまり旅行の準備は、宿を調べたり予約をとったり荷作りをするなど、どれも業務的であり、休暇的ではない。休暇旅行の準備が、休暇的でないのは、肉を食いたいのに、まず生野菜をボウルいっぱい食えと言われるみたいな、がっかりな話だ。

休暇というのは、徹頭徹尾、手間もかけず、気も遣わないものであってしかるべきではないか。わずらわしい手続きはすべて抜きで、まるで近所の散歩のように、ふらっと家を出て、偶然心落ち着く場所に通りがかり、ここでいいやと居座って、穏やかな時間を過ごす。それが理想的休暇旅行だ。

まあいい。

もう旅には出てきてしまったのだ。

それより、台南駅前から出たバスは、いつまでたっても元の木阿弥の中を走っている。

車窓が全く休暇的でなかった。

どこまで行っても都会が続き、じっと座っていればそのうち理想的な田舎町にたどり着きそうな良質な雰囲気は、微塵も感じられなかった。そして実際、予想通りになった。

バスが安平に着くと、そこは大都市台南の一部だった。

台南を出てからが勝負だと思っていたのに、勝負する前に終わってしまった。日本でなら地下鉄ででも来れたような距離感の街並み。観光客向けの店が並び、狭い路地を人々が肩を擦り合わせながら往来していた。

鹿港と変わらない。

何もかもが元の木阿弥だった。

サルマナザールの台湾

せっかく安平に来たのだからと、博物館になっているオランダ時代の砦に入ってみた。大掛かりな展示はなかったが、古地図があって、私はそれに見とれた。そしてサルマナザールのことを思い出した。

一八世紀のはじめ、ロンドンにおいて、自称台湾生まれのジョルジュ・サルマナザールという男が、『台湾誌』という書物を書きあげた。それは彼の母国台湾の地理や歴史についての本だったが、その内容は実はデタラメで、この男がでっちあげた架空の国について書かれたものだった。

たとえばサルマナザールが描いた台湾には、こんなものがあった。

御者が鼻のところに座ったら、象もずいぶん邪魔だろう。

実際にはそんな台湾はなかったし、サルマナザールなる男はもちろん台湾人などではなかった。

ではなぜ彼はそんなものを書いたかといえば、当時ヨーロッパでは遠い異国に関する情報を誰もが知りたがっていたため、そこにつけこんでひと儲け企んだと考えるのが順当だろう。しかしそれだけでなく、何より本人が生粋のペテン師で、その才能を存分に発揮して、壮大なウソをつきたかったというペテン師的モチベーションのなせる業でもあったんじゃないかと、私は思う。サルマナザールは、自分が捏造《ねつぞう》したデタラメの台湾語を自在に操ったというから、そこには金儲けというだけでは割り切れない、エンターテイナーとしての横顔も見出せる気がする。ヘンな言葉をべらべら喋るのは、それなりの訓練が必要だろうからだ。

ともあれ、サルマナザールの『台湾誌』には、現実の台湾を写した情報は何もなく、台湾旅行をするにあたって何ひとつ参考になるものはない。当然である。にもかかわらず、私にはなぜか、サルマナザールの偽台湾の片鱗を、本物の台湾で見つけたいという欲求があるのだった。サルマナザールの描いた台湾人、サルマナザールの描いた台湾の建物や船、風物などを実際に見てみたい。

荒唐無稽な欲求であることはわかっているけれど、そんなことを古地図の前でつらつら考えた。

昼間の〈ペリー〉来航

砦の博物館を出ると、私はふたたび現実に戻り、捨て鉢な気分が復活した。ここはふつうの台湾であり、人に埋もれた観光地なのだ。

気がつくと私は、町を出て海のほうへ歩き出していた。人ごみの観光地にいるよりも、そのほうが心安らぐ（休暇的な）感じがしたからだ。地図によれば、海が近いはずだった。ほんの二キロか、遠くても三キロぐらいだろう。十分歩ける。

最初にあったのは、橋だった。かなり新しい、ニュータウンにあるような橋。これはあまり休暇的ではなかった。

それを渡ると、埋立地なのか、広大な空き地ばかりの平坦な土地があり、ところどころに小さなビルが建っていた。これも休暇的じゃなかった。

私は黙々と歩いていった。

未開発の土地ばかりかと思いきや、道路沿いにパラパラと店が出ていたり、大きなレストランがあったりした。古い街並みでもなく、自然の中でもなく、歩いていて一番つまらないタイプの風景と言えた。

海は遠くに見える防風林の裏にあるようだった。もう海を見るしか、この気持ちの持っていきどころはない、このあたりで休暇的な景色があるとすれば海しかない、私はそう思い始めていた。海だけが頼りだった。

傍《はた》から見れば、何でこんなことになってしまったんだ、と嘆いていい場面だったかもしれない。嘆かなかったのは、実はこれまでにも何度もこういう経験をしているからだ。

人の多い観光スポットに嫌気がさし、突然そこを出て、何かに向かってひたすら歩き出す。それは私のお決まりのパターンだった。

実に惨めで嘆かわしい展開であるが、いつもそうなのだった。通俗的な観光地に行きたがってしまう自分の嗜好がこの問題の発端であり、人ごみを見るとすぐに逃げ出してしまう堪《こら》え性《しょう》のなさが、それをこじらせた。

私はどんどん歩いていった。

観光地でも何でもない場所が、面白い旅を約束してくれることは稀である。というかほとんどない。

観光地を一歩出てみれば、さきほどまで自分がいた場所がどんなに見どころに満ちていたか思い知ることになる。

現地の人たちが暮らす日常の町の風景が、観光地よりはるかに彩りに満ち、複雑な機微を備えているというようなことは、ないわけではないが、滅多にめぐり合えることではない。

といっても、私は、現地の人たちの暮らしの中に入り込んでいきたいわけでもなかった。あれも嫌これも嫌と文句ばかり言っているようだが、私はただ非日常的な場所でほっとしたいだけなのだ。

やがて防風林の前までやってきた。

ハイエースが一台停まっていて、そのそばでは老人たちが三、四人、運んできたカラオケで、大きな音量で演歌をがなっていた。ここなら騒音で文句を言われることもないのだろう。歌は中国語だが、メロディは日本の演歌だった。

防風林を抜けると海に出た。

広い砂浜が延々と続き、人影はまばらだった。

赤い大きな壊れたブイが、浜に転がっていた。私はそのそばにあった流木に腰を下ろした。

すぐ近くに若い学生らしきグループがいて、なかに女の子がひとり混じっていた。何をやっているのか楽しそうに戯れていて、女の子はこのなかのどの男と付き合っているのか解明しようと思ってしばらく見ていたが、そのうち大きなお世話だと思い直し、海の彼方を眺めた。

水平線は白く霞んで見えなかった。

この先に中国大陸があると実感しようと思い試してみたものの、雄大な感じがこみあげてくることはなかった。

どこをとっても、ただののどかな都市近郊の海辺である。

いい日陰があれば、そこでずっと座っていてもよかったけれど、日陰は防風林にしかなく、防風林に近づくと、あのカラオケの大音量がうるさかった。私はじりじりと太陽に焼かれるのを我慢しながら、流木に座っていた。

「それで？」

　赤いブイが言った。

「満足したのか？」

　私は海を見ることができて少しだけ溜飲《りゅういん》を下げたが、全体として、今回の旅が、失敗への道を進んでいるのは明らかだと感じていた。

　人通りの少ない、古くて風情のある、できれば迷路のような小さな町で、毎日ぶらぶら散策したりしながらのんびりと滞在する。それが私が台湾に来た最大の目的だったが、鹿港といい安平といい、私の期待は裏切られた。これほどまでの人ごみに遭遇するとは思ってもみなかった。

　ほかに理想的な町がないか探し回るのも、もう面倒になってきた。台湾じゅうに人間が溢れかえっている気がする。

　そして人ごみを歩くストレスは、昼間は眠っているはずのあの痛みを呼び覚ました。

　流木に座りながら、私は〈ペリー〉が来航していることに気がついた。

　右足がチリチリと辛《から》い。右足だけが勝手に青トウガラシを山盛り食ったような感じだった。

体の痛みには、二種類あること

もちろん〈ペリー〉自体は、旅行中もほぼ毎晩やってきており、私にとって恐怖を覚えるほどの事態ではない。

それでも、昼間にやってくるのは、気の重いことであった。昼間に来れば、夜は来ないかというと、夜にも来るのである。そうなると、一日の大半を、痛みとともに過ごすことになる。

今、人ごみを歩いたためと書いたが、正確な原因は謎だった。熱だって下がりそうなときに上がり、上がるにちがいないと思えば気軽に下がったりする。そして下がるとみせて上がるかと予想すると、今度はちゃんと下がったりするから、真の因果関係を見出すことは困難である。

痛んでいる最中、人間は自分の周囲一メートルを超える範囲のことはほとんど認識できない。意識は内向きになり、自分濃度が高まって、世界は、自分と痛みとそれ以外の全部という形に単純化されてしまう。

そんなわけで私も、わざわざ見に来た海を前にしていながら、だんだん海など目に入らなくなっていった。

間の悪さにうんざりしながら、流木の上で痛みに耐えた。

もったいないが仕方がない。

できるならホテルの部屋に戻って、ベッドの上でうずくまりたいと思いつつも、そのためにテキパキと行動する牽引役の自分はおらず、ただ外見はじっと流木に座ったまま、波にのまれる砂の城のように、私は内側に崩れ落ちていった。

べつに〈ペリー〉でなくても、人は痛む。

たとえば怪我をすれば痛いし、足がつっても痛い。頭痛もあれば、歯が痛いときなどどうにもならない。私には経験できないが、陣痛だって、ものすごく痛いという話だ。世の中には体の痛みなどいくらでもあって、いちいち泣きごとを言っていられないのが現実である。

ただ、体の痛みにも二種類ある。

いずれ治まることがわかっている痛みと、いつ治まるかわからない、場合によっては一生治まらない痛みである。

同じ強度の痛みであっても、それがそのうち治まる場合と、治まらない場合では、その辛《つら》さは雲泥の差がある。陣痛もそれはきついだろうが、何年も続くわけではない。治まらない痛みとともに生きる辛さは、それに見舞われた者にしかわからない。

〈ペリー〉の痛みは、激しく日焼けしたようなヒリヒリした痛みで、それ自体の強度は、身動きが取れないようなものではない。陣痛どころか、足がつったときの痛みにも及ばないが、これとこの先ずっと付き合っていかなければならないと思うときの閉塞感は、私を絶望的な気分にさせた。この痛みを陣痛と取り替えてくれるなら、私は迷うことなく、元気な女の子を産むだろう。

恐るべき痛みとは、それが日常である痛みのことなのだ。

私はこの痛みから逃れたい。

そのために休暇旅行にやってきた。

仕事で固くなった頭から私の旅を解放することで、少しでも楽になるかと思ってやってきたのだ。

けれど、たいていの心配な症状の常として、逃れたいと思えば思うほど、それは強くなる。この事実は、修理屋を呼んだときに限って壊れた洗濯機がちゃんと動くのと同程度に、至高の存在がどこかでこっそり私を観察し、こちらからは推測できない何らかの理由に基づき懲らしめようとしている可能性を思わせるできごとであるが、至高の存在は今どうでもいい。

問題は、こんなとき、私はどうすべきかということだ。

〈ペリー〉に対し、怒り、闘うといった行動が得策でないことは、長年の経験でわかっていた。怒りや闘いは、〈ペリー〉の大好物であり、そうやって神経を昂ぶらせることは、症状を悪化させるだけである。嘆くことですら、〈ペリー〉をターゲットとして認識しているという点で、よくなかった。むしろそれをなかったことにする、気づかないふりをすることが、重要だった。

〈ペリー〉はいない、というようなことも考えない。

もっと他の何かについて考え、それに耽溺《たんでき》してしまうのが一番いい。

ただし、そのときも精神を高揚させないことが重要で、仕事に没頭したり、ジョギングしたりしては逆効果であり、ゆっくり動く海の生き物を漠然と見る、ぐらいの脳の使い方が最も効果的である。

このときは自分の周囲一メートルに海の生き物がいなかったので、私は足元の砂を見物した。砂の見どころはよくわからなかったが、全体としてうねって地形のミニチ

私は足元の砂を見物した。砂の見どころはよくわからなかったが、全体としてうねって地形のミニチュアのようになっているところが、味わいと思えなくもなかった。砂はいい、と考えることにした。

ユアのようになっているところが、味わいと思えなくもなかった。

砂はいい。

と考えることにした。

砂はいい。

それから三分ぐらいの間砂はよかったが、だんだんやっぱりよくなくなってきた。どう贔屓目《ひいき》に見ても、これという見どころがないのだった。まったく動きのないものを見続けても集中できない。

私は立ち上がり、ゆっくり歩いて帰ることにした。本当は動きたくなくても、こうやってじっとしていると、かえって胸が塞いでいく気がしたのだ。

今歩いてきた距離を引き返すのは、

実に面倒で、気力を奮い起こさなければできないことだったが、同時に、気力を奮い起こすのは一番よくないことでもある。

そうだ。いきなりホテルまで帰ろうと思うからいけない。防風林の裏側まで歩くだけでいい。その先は、そこに着いたとき、また考えればいい。

そう確認して、歩き出す。

こうして私は、はるばるやってきたわりに、たった五分ほどいただけの海から、引き返しはじめたのだった。

いったい何をやってるんだろう。

そのときのことを後で思い出すとバカらしく思うが、このときはそんなことはとくに考えなかった。

ただ、ずいぶん遠くまで歩いてきたなと思ったのだった。

おばあさん的な時間伸縮効果

私は、しばらく歩いた先のバス停で、台南に帰るバスを待つことにした。

時刻表などないから、いったいいつバスが来るのかはわからない。

先客がひとり。昔美人だったのか、全然その反対だったのか、もはや類推できないほどくしゃくしゃの、腰の曲がった野良着のおばあさんがいた。

バス停には腰掛ける場所がないので、おばあさんはぽつねんと立っていた。立ち続けているせいで、おばあさんには、のんびり構える余裕がなく、まだ来ないかまだ来ないかとせわしなく顔をあげてはバスの来るほうを見る。

三〇分経ってもバスは来なかった。

ひょっとしてこのバス停はもう使っていないのではないか。あるいは今日は来ない曜日ではないか。それともこの路線は終バスが早いとか。などといろいろ考えたが、いつも利用しているらしきおばあさんが待っているのだから、バスは絶対来るのである。

実際、対向車線のバス停には、先ほどから何台もバスが来て、客を乗せたり降ろしたりしている。もう七、八台は見送ったろう。なぜこちら側だけ来ないか。

私はまだまだ待てるけれど、おばあさんの気力体力は限界に来ているように見えた。地べたに座り込んだり、また立ち上がって遠く道路の先を見やってみたり、そしてときどき私のほうをすがるように見ては、ふう、と溜息をついた。一度何か話しかけてきたが、言葉がわからない。

「来ませんね」

とだけ日本語で答えた。

私はこのとき、おばあさんの体感時間は、若い人とどのぐらい違うのだろうと、そんなことを考えていた。根拠はないが、おばあさんにとっての三〇分は若者にとっての五分ぐらいじゃないかと思っている。小学校のときなかなか時間が過ぎていかなかった遠足までの一週間、気がつけばあっという間に過ぎている四十代の現在の一週間。このペースでいけば、老人になれば、一週間はリニアモーターカー並みに、ぼうっとしていると感知できないほどのスピードで通り過ぎると推察される。

だからおばあさんにとってこの三〇分は五分ぐらいのはずなのだが、それをずっと立ちっぱなしで待つとなると、逆に三〇分が一時間以上にも感じられるのかもしれない。

かわいそうだが、私にはどうすることもできない。車通りの少ない道で、タクシーを拾うこともできなかった。

結局、バスが来たのは、五〇分か一時間ぐらい待った頃だった。

おばあさんはやっとこさ乗り込んで、ほんの三つ目か四つ目ぐらいのバス停で降りていった。じっと立ってるぐらいなら、歩けばよかったおばあさんであった。でもまあ、バス停で一時間近く待った事実も、もうおばあさんには三日前ぐらいの話になってるのかもしれない。

そして私はといえば、このおばあさん的な時間伸縮効果をうまく応用することで、〈ペリー〉の体感時間を縮めることは出来ないものだろうかと、おばあさんのいなくなったバスのなかで考えた。

仮に痛みが三〇分続くとするなら、それをおばあさん的に感知し、五分で済ませる方法。これは研究してみる価値のあるアイデアだった。

そういえば、〈ペリー〉はバスを待つ間に去っていた。

たいていの心配な症状の常として、理論的にはますます強まってもよさそうな局面で、不意にそれが消え去ったりする。喜ばしいことではあるが、不可解である。消えたのはいいが、うっかりそこで喜んだりするとあとあとしっぺ返しが来るというのも、こういうものの常であるから、ここはさも当然のような顔をして、私は台南に戻った。

おばあさん的時間伸縮については今後の宿題としたい。

虫歯と骨折

私の父は、私が病気になると、「気合いが足りないからだ」とよく私を責めたものだった。子供心に傷ついたが、そのあと「お父さんは、虫歯と骨折以外は自力で治せる」と言うのは、さすがに嘘だろ、と思っていた。

とはいえ、気合いの効果については、父も私も疑いを持っていなかった。病気によっては完治は難しいかもしれないが、気合いで症状が好転することはあり得る、とヤンキーのように無邪気に信じていた。

あるとき私は、激しい疲労で吐き気が続き、病院で診てもらったところ肝機能の数値が尋常でなく、即座に入院するよう宣告された。

間の悪いことに、その約一〇日後に私はインド旅行をひかえていた。早くから予約を入れ楽しみにしていたインドであり、一〇日間でどうしても回復したいところだった。

病院のベッドで私は気力みなぎらせ、インドの旅を思った。そしてときどき屋上に出ては、ラジオ体操をやった。それもなるべく溌剌《はつらつ》と取り組んだ。自分が元気で気合い十分であることを肝臓に見せつけたつもりだった。

　だが結局肝機能の数値は思うように下がらなかった。インド旅行はキャンセルになり、入院はその後も一か月続いた。

　肝機能を示す数値は、最初のうち順調に下がっていたが、もう少しでインド旅行も射程内という値まで下がってから、ふたたび上昇したりしたのだった。

　その間私は毎日同じだけの気合いを維持していたから、数値の動きには納得がいかないものがあった。その後、退院してからも数値はなかなか正常値に戻らず、一進一退を繰り返した。

　その間、気合いは一定して漲《みなぎ》っていたにもかかわらずだ。

「どういうことなんだ、父さん」

　私は心のうちで訴えた。父はそのときまだ生きていたが、遠くに住んでいたし、インド旅行のことは黙っていたから、直接聞きはしなかった。

「虫歯と骨折以外は気合いで治るんじゃなかったのか」

　最終的に父は肝硬変で死んだ。私の肝機能の数値が上昇したこととは因果関係はなかったが、奇しくも同じ肝臓によって、気合いが通じないことが判明したのである。

　父は骨折か虫歯で死ぬはずだった。しかし答えは肝硬変だった。

私の肝機能を示す数値は、それからずっと先、もうどうにでもなれと思ってから、しばらくしてようやく正常に戻った。

こうして私は、親子二代にわたる過ちを悟ったのである。

気合いとは心身に力をいっぱいに込めることだと考えていたが、そうではない。気合いとは、そんなふうに病気に真っ向から対峙することでなく、お前のことなどまるで知ったことではない、との心構えで、言ってみればふわりと宙に浮くことだった。

そうやって敵の攻撃を無力化するのだ。

柔よく剛を制す、とはこのことを言ったのかもしれない。いや、暖簾《のれん》に腕押しというべきか。虫歯と骨折以外は、このように暖簾的に対処することが肝心である。

旅情には一貫性がないこと、そして旅の興奮は何の変哲もない場面に宿ること

高雄を過ぎ、屏東《ピントン》を過ぎると、風景がのどかなものに変わってきた。

列車は空いており、車内は快適な気温に保たれていた。

ヤシ、ヤシ、ヤシ、ヤシ。

うすく青みがかった窓ガラス越しに見るどこまでも続くヤシの畑は、私の旅情を激しく揺さぶった。きっと外に出れば、灼熱なのだろう。

それを冷房の効いた快適な車内から眺めるのは、実にいい気分だ（写真参照）。

電車の旅では、自分はたいして動かないまま、車窓を眺め、あれこれと勝手な空想をめぐらせることができる。

そこでは、街なかを歩いているときほど警戒する必要もないし、荷物の重みも感じないで済む。何かを探してうろうろしなくてもいいうえに、景色のほうで勝手に移り変わってくれるから、飽きることがない。

そう思うと、宿にいるときを除けば、こうして座席に座って車窓を眺めている時間が一番リラックスしていられるときかもしれない。体も使わないし、頭も使わない。しかも、そうやって何もしていなくても移動はしているので、時間を無駄にしているんじゃないか、という焦燥や罪悪感とも無縁である。

鹿港と安平ですっかり意気消沈した私だったが、台南から南へ列車で移動しはじめただけで、旅情がもどり、旅への意欲が一気に息を吹き返してきた。このまま列車に乗って、阿呆のように、台湾島をぐるぐる何周でもまわってみたい気分である。

ヤシの畑は、私の旅情を激しく揺さぶった。きっと外に出れば、灼熱なのだろう。それを冷房の効いた快適な車内から眺めるのは、本当にいい気分だ。

あれほど人ごみと痛みに辟易していたのにもかかわらず、一晩眠って列車に乗ったら、また面白くなってくるという一貫性のなさは、旅の本質である。旅の本質は、いつもしれっとした顔でこう言うのだ。

「おれ、いつそんなこと言ったっけ?」

この突然の転調を、説得力のある形で文章にするのは難しい。

とりわけ何らかの目的に向かって突き進むような旅の場合には。

そんなときは、辻褄を合わせるために、転調前と転調後のどちらか、より重要でないほうを排除し、そこに段差などなかったことにするという方法が使われやすいが、私はなるべく実体験に則して書こうと思うから、その方法を使いたくない。

ただ、そのような想定外の段差に誰かが蹴つまずいてひっくり返るのを防ぐため、車窓の写真を一枚、段差の目立つところに貼っておこうと思う。

座席の背もたれと、乗客の後頭部が少々、そして窓いっぱいのヤシが映っているだけの、地味なスナップではあるが、見れば見るほど、静かな興奮が伝わってくる。旅情が、再起動した証拠がここにある。

見ても何の興奮も感じないという人は、思い出すべきである。

旅の興奮は、たいてい何の変哲もない場面にこそ宿るものだということを。

何でもない町

終点の枋寮《ファンリャオ》で降り、改札を出たところへ、洗面器にくだものを入れて売っているおばあさんが、何か売りつけようと近寄ってきた。それを笑顔でいなしつつ駅舎の外に出てみると、駅前には小さな、屈託のない感じの広場があって、タクシーが一台停まっていた。

それは本当に屈託のない駅前広場だった（たとえば道路の舗装と、歩道脇の草むらの境界があいまいで、その草むらもだんだん土に変わっているところなど)。駅から延びる道は、一直線に海へ向かい、突き当たりは堤防になっていた。道路沿いに、小さな食堂がパラパラと並んでいる。一応、食べるには困らなそうだ。食べるに困るかどうかを気にしたのは、つまり私はもうここで泊まる気になっていたからである。

ここに何があるのか知らない。ガイドブックにも載ってない、観光的には取るに足らない町らしい。

それでも、この町がよさそうな気がする。

駅前に小屋のような民宿があり、訪ねてみると鍵がかかっていた。かたわらに電話番号が書かれており、ここに連絡すれば何ごとかが起るのであろう。しかし中国語を話せないので、とりあえず判断を保留し、他も当たってみることにする。

海に向かって少し歩くと、街道に出た。街道に沿って店が少し並んでいる。これが町の中心部だろう。それこそ五分も歩けば通り抜けてしまいそうな中心部だった。

もう一筋海側の道に入ると、杓子定規な建物があり、デカデカとした文字で、郷公所と表記されていた。この佇まいは明らかに役場だろうと踏んで、中に入ってみる。観光案内でもやってないかと思ったのだ。

受付の女性は、大きなザックを背負って現れた闖入者《ちんにゅうしゃ》に目を丸くし、私が宿を探していると告げると、イスから飛び上がって、こういう場合に頼れそうな人材を探して役場内を走り回った。役場の中は、低い棚をカウンターのようにして部署ごとに仕切ってある様子など、まるで日本のようだった。天井からセクションの名前を書いた板がぶらぶら下がっているのも、職員の服装がみな灰色っぽく地味なところも、同じだった。

やがて私の噂はフロア中に広まり、いろんな灰色っぽい人たちが私を見にやってきた。そうして、そういう人たちだからこその意外な人懐っこさを見せて、この謎の日本人に何か話しかけようとしては言葉に詰まった。

日本語を話せる人はおらず、学校を出たばかりと思われる若い男性が英語で話しかけてきた。といってもよくわかっていないようで、私もよくわかっていないから、でたらめな英語とでたらめな英語で、でたらめな話をした。ずいぶんな時間をかけて、お互い難しい話ができないことが共有され、最終的に、私がホテルではなく民宿を探していることのみ伝えたが、それはさきほど、受付の女性に、「民宿」とだけ書いた漢字のメモ一枚で、とっくに伝えてあることだった。

みな優しかった。

美しい女性事務員がやってきて、

「日本人？」

と訊くので、

「我是日本人」

と答えると、わあ、と言って、私たちの町に日本人が来てくれた、とうれしそうな顔をしたあと、それなのに私たち役に立てないなんて、というようなことを中国語で言った（ぽく思えた）。

黙って地図をコピーして、持ってきてくれた男性職員もいた。地図には、さきほどの駅前の民宿に丸がついていた。

結局、片言の英語を話す若者が、私を案内する役に抜擢され、私は善意の爆発に見送られ、ふたり乗りバイクの後部座席に跨って、町なかをパレードした後、先の駅前の小さな民宿に凱旋した。誰かが連絡をつけてくれたらしく、オーナーがやってきて鍵を開けてくれた。

ありがたい。お互い難しい話はできない郷公所の若者に、日本語と笑顔で感謝の気持ちを伝え、再びバイクに跨って帰っていく彼を見送った。郷公所を訪ねてよかった。手を煩わせたことは申し訳なかったが、せめて私の闖入が、退屈な日常業務にかすかなイベント性を付け加えられたのであってほしいと願う。

民宿には、部屋は三部屋あり、バス・トイレ共同。鍵は自己管理で、室内は簡素で清潔でファンシーだった。ベッドのシーツは黄緑で、壁はアイボリーで、樹と自転車のイラストが描かれていた。

多少夢見心地な感は否めないが、おっさんだからといって、何もハードボイルドである必要はない。清潔で明るいのは大歓迎である。

窓を覗くと、裏手の洗濯機が見えるだけで、愛想のない眺めだったが、置いてある自転車は自由に使っていいとのことだった。

私はさっそく自転車に乗って出かけ、踏み切りを越えてどこまでも内陸に向かって走ってみたり、海を見に行った。

海にはとくにきれいなビーチはなく、砂は暗い灰色で、コンクリートの護岸に沿って、東京の家の近所にあるような用水路が流れていた。用水路の隣には、たくさんの養殖池があって、酸素を送り込む水車が、忙しなく水しぶきをあげていた。

つまらない景色と言えばそうだが、私には十分よかった。

よその国の用水路的風景。

東京の家の近所の用水路は日常であり、日常の用水路には、一五分ぐらい眺めたら家に帰ってやらなければならない雑務が付き物である。

だが、この用水路には、一五分たってもやらなければいけないことはなかった。あるのは用水路そのものだけだ。三〇分ぐらいしてもやることはなかった。一時間ぐらい、いや一時間半ぐらいしたら、食事をする店を探しに行く必要があったが、それまでは、この用水路を遡って妖精たちの棲む伝説の村に行ってしまうようなことすら、起り得るだろう。

旅は見事に再起動していた。

私は、こういうところに来たかったのだ。

サルマナザールの台湾文字

自称台湾人のジョージ・サルマナザールが書いた『台湾誌』なる書物によれば、台湾には次のような文字がある。

もちろんこれはペテン師サルマナザールによる創作なわけだが、私は、台北の文房具屋で、注音というカタカナのようなものが書かれた子供用の書き方練習ノートを見つけた。

そこにはなんと、サルマナザールの台湾文字が描かれていた。

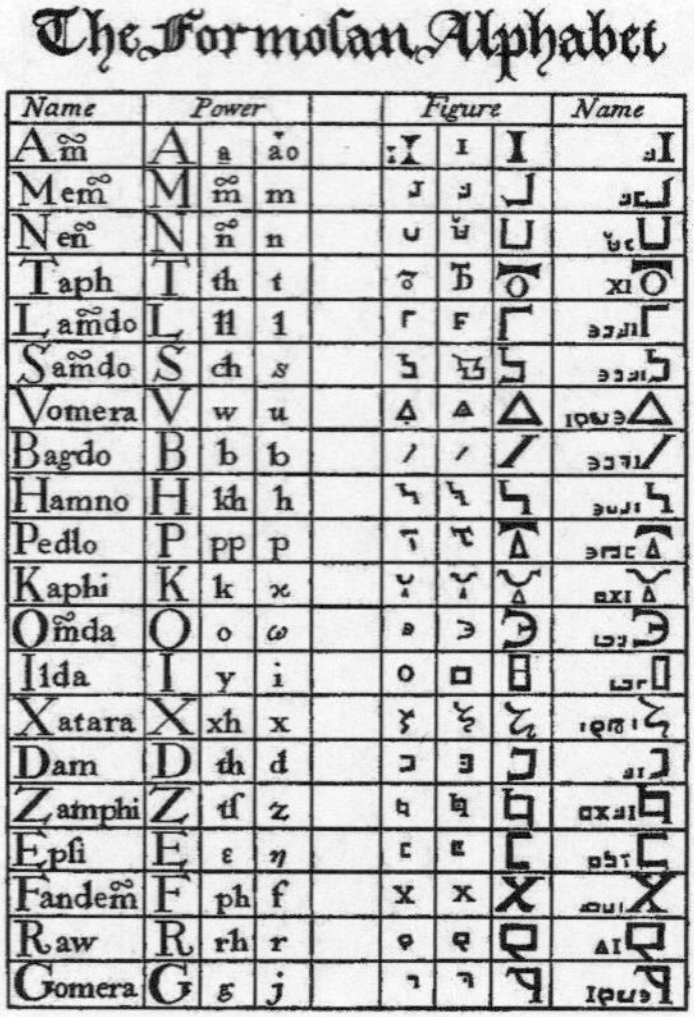

ㄩㄏㄅㄣ
ㄒㄚㄛㄈ

あまりに自然な感じで日常のなかに紛れ込んでいたので、それが一七〇四年のロンドンからやってきたとはにわかに信じられなかった。まさかの結末に私は仰天した。サルマナザールの台湾は、概算で一・四パーセントぐらい、本当にあったのである。

Ⅱ　マレーシア

なんでわざわざミッションを?

世界じゅうの海でシュノーケルの旅をしてきた。

旅行中、どんな状態でいるときが一番リラックスしているか選手権というものがあったなら、シュノーケリングの最中というのは、間違いなく決勝トーナメントに勝ち上がり、それどころか最低でもベスト4進出は固いだろう。

海に浮かぶことの心地よさについては、いくら表明しても足りないぐらいだが、それを一冊の本に仕立てあげるのは難しい。

一般に、物を書くときは、読者を飽きさせない工夫が必要になる。

そのためには、本文中に何らかのミッションを設定し、それを乗り越えんとする身振りが必要である。それによって方向性を持った力強い流れが生まれ、それが読者を先へ先へといざなう推進力となる。どんなテーマであれ、本というのはたいていそういう構造になっているものだ。

しかし、実際に旅行中の自分にとってみれば、ミッションなど余計なお世話であって、ただ海に浮かんでいられさえすればそれでいいということがある。

そこにこの問題の困難さがある。

私は、ただ海に浮かんでいたい。それ以外のことは何もしたくない。それなのに、なんでわざわざミッションを？

こらこら、と人は言うかもしれない。

甘ったれたことを言うな、そんなのは余暇でやればよい、仕事とはそういうものではないと、まったくもって正しいツッコミが予想される。

しかしそうなると、海に浮かんでいさえすれば単調でもいっこうに構わないという心理について、一冊の本をものすことはできないということだろうか。そんな本が一冊ぐらいあってもいいのではないか。

読んでいる間、海で浮かんでいる心地になり、いくら読んでも海に浮かんでいるばかりで他に何も起らないが、それでもずっと気持ちよく読んでいられるというような、そういう本はありえないのだろうか。

実は、一度そういう本を書いてみたことがある。それが成功だったかどうだったか、ここでは判断を保留するが、いずれにしても、ミッションのない旅を書くことの困難について、私はいつも考えている。日夜それと闘っていると言っても過言ではない。

つまりそれは、何かについての旅、について書くのではなく、旅そのものについて、もしくは旅という状態について書くということと同義である。

むしろ、それこそが本当の旅の本ではないのだろうか。

ビーチリゾートの玄関口

空港であれ、港であれ、ビーチリゾートの玄関口には、ある種の共通した特徴が備わっている。

原色に彩られた空間、潮の香りと日光、バサバサした葉っぱ。そして、いろんなものがあまり綿密に作ってある感じがしないこと。

そこではたいてい時間がまったりと流れており、人々の様子も、とくに金持ちでなくても、金持ち喧嘩せず、といったふうなので、私もまるで金持ちであるかのような毅然とした薄笑いを浮かべ、ゆったりした動きで、度量の大きいところを誰にともなくアピールしたりするのであるが、胸のうちはといえば、一刻も無駄にしたくない焦りで、あわただしさが極限にまで達している。

何をぐずぐずしているか、早く私を海へ連れて行け。

私は計算する。今すぐ海に入れれば、五時間はプカプカ浮かべるはずだ。

私は計算する。
今すぐ海に入れば、5時間はプカプカ浮かべるはずだ。

だが、まずは宿に向かわなければならない。

宿への交通手段はなかなかやってこず、やっと来たと思ったら宿のフロントで待たされ、チェックインは一五時からだと言われる。その前に海に入りたいなら、荷物をフロントに預け、トイレで着替えよ、って実に面倒くさい。面倒くさいけれども、海に入りたいからその通りにするしかない。その場合、荷物のなかから水着とシュノーケルセットを取り出す場所が、フロントの前、すなわち大衆の面前であるのもいたしかたない。

そうしてやっとの思いで準備を終え、貴重品をフロントに預けようと思ったら、そこにはいまだ多くの客が列をなしていたりするのだった。

五時間あった私の海は四時間になり、三時間になり、乗りたかったシュノーケルツアーボートはもう出航した後である。

しかたなく私はホテル前のビーチに下りていく。

しかしそこにたいしたサンゴはなく、よくて砂地に熱帯魚がちらほら見られる程度であろうことは、海面を見ただけで容易に想像がつく。

それでも私はシュノーケルマスクをつけて海に入る。

海の中は波で砂が巻き上げられて濁っている。水もなんだかなまぬるい。

沖に出れば少しはましになるかと思って、黙々と私は泳いでいく。

ああ、時間があれば、ボートツアーで、もっといいスポットに行けたのに。

きっとそこは、ここよりはるかに透明で、水が冷たくて、無数の熱帯魚が群れ泳ぎ、シュノーケラーが水中で出会うことのできる面白い生き物、たとえば水中にモビールのように吊るされたアオリイカや、虹の手榴弾のようなクシクラゲ、海底には完全犯罪を目論むエイの姿が見られたりしていることだろう。

なのに、目下の私の状況は、しばらく泳いでも、サンゴはおろかどんな面白い生き物も見えてこない。それともこの濁りの下に祝祭的な何かが潜んでいるのだろうか。

私は水中をあきらめて仰向けになる。青い空と、陸地にはヤシの連なりが上下に揺れている。

胸の中ではしつこくブツブツ文句を言っている。しかしブツブツ言いながら、顔は笑っている。

まあ、いろいろあるが、大ハッピーである。

竜宮城から来たカメ

私はマレー半島東海岸に浮かぶプルフンティアン島にやってきた。

南シナ海は、これまでにタイのビーチで少々、ボルネオ島のコタキナバル周辺の島で何度かシュノーケリングしたことがあるが、総じて水中の印象はよくなかった。南シナ海自体が浅い海であり、そういう海は濁りやすく、太平洋の島国などに比べて透明度が期待できない。これは仕方のないことだった。

それでもここにやってきたのは、フライトも宿もそれなりに安かったことと、変な話だが、あまり真剣に海の中に熱中しすぎるのを今回は自重しようと思ったからだ。たとえば沖縄やフィリピンの島々へ行けば、透明度はずっと高く、海の中もずっと面白く、そうすると私は何か珍しい生き物を探して本気になるだろう。それはそれでそういうことが好きだからいいのだが、今回は何事にものめりこまず、リゾートでだらだら過ごしたかった。

自分にどんなミッションも与えたくなかった。何のミッションもストレスもない中で、将来の身のふり方について、ぼんやり考えてみたいと思っていた。そういうぼんやりが今求められているように思われた。

他人からどう見えているか知らないが、私は元来あまりぼんやりしない性格である。いつも何かについてあわただしく考えずにいられない。

海に来れば、当然頭の中は、イカやウミウシやエイ的な何かや、その他面白そうな生き物のことでいっぱいになり、ついその探索にのめりこんでしまう。

だからこそ、今回はそういうことに心奪われないための南シナ海だったのである。

もちろんぬかりない私のことだから、メインビーチのショップで、明日のシュノーケルボートツアーの予約は済ませてあるわけだが、それとてさほど期待をかけているわけではなかった。

私は今、ホテル前の濁ったビーチでゆったり泳いでいた。

透明度はよくない。水中は白っぽくて面白くなかった。

しかし、それでいいのだった。

設置されたブイの内側を、あてもなく回遊する。そうしながら何か有意義なことに思考を巡らせようと目論んでいた。

なんとなく海底に目をこらすと、自分の真下にカメが泳いでいるのに気づいた。

ひと目で、竜宮城から来たカメだとわかった。

その証拠に、そいつは背中に乗ってくれと言わんばかりの大きさであった。

海中でカメに遭遇すると、奇跡的な幸運であるかのように大騒ぎする人があるが、私はカメなどこれまでに何度も見ており、ただカメというだけでは喜ばない。しかし今回に限っては、竜宮城から来たカメだったので、喜ばないわけにはいかなかった。

近年では、野生動物保護の観点から、カメの背中に乗って竜宮城を訪れることは禁止されている。なので私は、カメの上をふわふわと漂いながら、ついていった。

竜宮城のカメがなぜこんなビーチに来ているかといえば、海底の藻を食べているのだ。草をむしるガリガリいう音が聞こえてくる。

カメはやがて満腹し、沖へと戻り始めた。私もそれを追って泳いでいく。

時々海底の草に鼻をこすりつけながら、カメは沖へ沖へと進んでいった。

そうして、しばらく泳いですっかり眠くなった頃、私は竜宮城に到着した。

竜宮城は、コンクリート打ちっぱなしの市民会館のような三階建ての建物だった。仕事で知り合ったNさん夫婦が車で先に来て、私を待っていた。

Nさんは、竜宮城を見て、たしか以前ここにぐるぐる回って下りてくるすべり台がありましたよね、と言うのだが、私は初めて来たのでわからない。

そんなことより、なぜそんな地味な格好なのか、と私はNさんの服装を不思議に思った。竜宮城なのに、白いポロシャツってことはないんじゃないか、と口には出さなかったが、Nさんのセンスの悪さにがっかりした。

それはともかく私は今後のためにも竜宮城の周辺を見ておかなければならない。今回、プルフンティアンのビーチでカメに出会えたのは幸運だった。こんなことは滅多にないのだから、この機会を逃すことは考えられない。

私は丸い穴ぼこに水のたまった舗装されていない道を、ひとりで歩き出した。

バサバサした葉っぱの熱帯樹林の間を、一本道がまっすぐ続いていて、かなり先にごてごてと装飾のついた五階建てほどの建物が見えていた。装飾はネオンのような看板のような何かで、赤や紫やオレンジに彩られて見える。あるいは、そっちが本当の竜宮城かもしれない。

太陽が南中して木陰もないなか、蒸し暑さにうんざりしながら、たどり着いてみると、燦々《さんさん》と輝いて見えた看板は、もとは何かのショーの案内だったらしく唇の厚い肉感的な女の絵が描かれてあった。すでに使われなくなって何年もたっているようで、そこらじゅうが剝げ落ちており、女はすっかりうつろになって、怠惰な視線を湿気た空気にからませているだけだった。建物の窓はガラスも取り払われて、それがまるであんぐりと口を開けているように見えた。

もとは玄関だったピンク色の大きな観音開きの前、張り出した庇《ひさし》の陰に若い男が力なく座っていた。働いていない顔とはこういうのだと陳列してあるかのような顔だった。

近寄っていくと、いかにも面倒くさいといったふうで、私が口を開く前に腕をだらりとあげて、私がもときた方向を指し示した。お前が探しているのは、あの市民会館のような建物だ、そっちへ行け、というわけだ。

それが嫌ならあきらめな。ここじゃお前にしてやれることは何もない。

まだ何も聞いてないのに……。

と私は思ったが、何を聞いたところで同じことだろう。

一本道の先を眺めてみたが、ほかに建物どころか、道路標識すら見えなかった。

灯台サンゴ

海に浮かぶ心地よさの本質は、恐怖だ。

海に入ると、普段大地が覆い隠している非情な現実、つまり生と死は隣り合わせであるという現実が、世界のベースに厳粛に横たわっていることが理解され、死が突然身近なものに感じられる。本来、大自然とはそういうものだが、深入りしなければそれを感じさせない山と違って、海は波打ち際の一歩先から不気味である。

私は昔から海を恐れてきた。

それはまだ泳げなかった頃からの記憶なので、泳げないせいで恐怖したのかと言えばそうではない。いくら泳げるようになったところで、われわれは海に太刀打ちできない。

そして、その恐ろしい海に浮かんでいることの自由が、同時に心地よさの核ともなるのだ。

ラワ島ツアーで訪れる灯台サンゴは、そんな感覚を生々しく感じさせてくれる場所だった。

島は間近に見えているものの、泳ぐとなれば遠く、周囲はどこをとっても足のつかない深さ。唯一鉄梯子を登ってたどりつく数メートル四方の標識灯の足場だけが、人間がその両足で踏みしめることのできる〈地面〉である。

その足場からは、気兼ねなく、どの方向へも飛び込むことができた。どんなに鋭角に飛び込んでも海底で頭を打つ心配はない。

シュノーケルツアーの観光客たちは、みな思い思いに浮かんで、海中のサンゴを見下ろしている。ここには色鮮やかな熱帯魚の群れに混じって、ときには大きな魚もやってくる。

こんなところに一人で来たいとは決して思わないが、これこそ私が求めていた場所だった。

海は青く透明で、黙した巨人のようであり、目に見えるぎりぎりの水深の向こう側には、黒い城のようなものが海底からそびえたっていると思えた。日が翳ると、今にもその影が見えそうだった。

私は水中で、標識灯の土台を支えるコンクリート製の四本の脚を凝視した。その四本の脚が私を地上感覚へ引き戻してくれる。

それは地上にあるあらゆる建築物より、ずっとどっしりして見え、海上の標識灯の弱弱しさに比べて、不相応に感じられるほどだった。

私は脚の間で戯《たわむ》れる魚たちを眺め、へばりつくフジツボを見物した。

そして、この脚は、われわれが去った後も、ここにずっとこうして立っているのだと思い、途方もなく寂しい気持ちに襲われた。

シュノーケリングボートの男

男はエイを求めて何度も潜る。

自分のボートの客になんとしてもエイを見せんとする覚悟である。

日焼けした細い腕、決して厚いとはいえない胸板。しかし、そこに無駄な肉は一切なく、しなやかで強靭。

私は、もし自分がここに生まれ育っていたら、この男になりたい。シュノーケリングボートで観光客を案内する男。

女のように髪を伸ばし、腕にタトゥーを入れ、レゲエ調にだらしない男なのかと思えば、まったくちがって、ゲストがあきらめて個人個人の興味のむくままどこかへ離れていってしまっても、何度もくりかえし潜ってはサンゴの下を覗きこみ、そこに見つけたエイを砂地へ追い出して、ゲストに披露しようと執拗に挑み続ける。

もはや仮にそれに成功したとしても、そばにゲストはいない。

エイを追い出してから呼び集めても、もっとも近くにいるゲストでさえ、五〇メートル先におり、まず誰も間に合わないだろう。彼らが到着した頃には、エイはふたたびどこかのサンゴの下に潜り込んでいるにちがいない。

それを知ってか知らずか、いや、知っていないはずはないにもかかわらず、男は、照れ隠しなのか、それとも一度探し始めたが最後、ブレーキの利かなくなる子どもの熱中によるものか、エイ探しをやめない。

きっとこれまでに何度かうまくいったのだ。

そのときのゲストの喜んだ顔が思い浮かぶ。あの顔をもう一度見たい。

広い砂地にサンゴの塊が点在する、アリゾナ砂漠ふうの海中で、男はエイを探す。

細身のナイフを手に、何度も何度もサンゴの下を覗きこむ。

もう決着はついていた。

今日は失敗だったのだ。

それでも、潜る。

もう何も考えない。

リゾートにおける店員に忘れ去られているんじゃないか問題

リゾートにおける店員に忘れ去られているんじゃないか問題の抜本的解決に、世界保健機関が乗り出したというニュース、もしくは政府のほうで何とかしてほしいという声。

しかし今、私はそれともまた微妙に異なる問題に直面していた。

パンはきたがバターナイフがないので頼んだところ、フォークを持ってくる及び腰のウエイトレス。彼女は昨日もスパゲティにナイフを持ってきた。

そしてパイナップルジュースを頼むと、おおいに動揺したふうで、急いでマネージャーを呼びに行き、血相変えて飛んできたマネージャーが、大変申し訳なさそうな表情で言うのだ。

「イエス。ウィー・ハバ・パイナップルジュース」

何かはわからないが、パイナップルジュースには重大な秘密が隠されていたらしい。知らぬ間に私は、暗号を口にしていたのかもしれない。

これからやってくるパイナップルジュースのグラスの底に、マイクロSDでも沈んでいるのかもしれない。

しかし、しばらくしてやってきた懸案のパイナップルジュースにはとくに何も沈んでおらず、いっしょに頼んだパンケーキのほうは、いまだやってこない。

結局やっぱり、リゾートにおける店員に忘れ去られているんじゃないか問題なのだ。

中国人の水着

プルフンティアンには、中国人の家族連れが多かった。

彼らは、不思議な水着を着ていた。それは両手両足首から先しか出ておらず、頭まですっぽり覆っているのだ。ダイバーのウェットスーツを薄手にしたものと言えなくもないが、受ける印象はだいぶ違って、寝巻きのように見えた。

たまたま一家族だけかと思ったら、そこらじゅうの中国人が同じような水着を着ていたから、中国ではこれが最新式なのかもしれない。日焼け予防ということだろう。中国人以外は誰もそんなものは着ていなかったが、中国人の数が彼らを上回っていたおかげで、ビーチはすっかりサナトリウムのようだった。

彼らはいつも大きな声でしゃべっているので、彼らのそばを通り過ぎるときは、自分に話しかけられているのかとよく勘違いした。実際は内輪でしゃべっていただけだった。

私は慎重に彼らの横を通り過ぎた。

私は警戒していた。私が彼らのことを嫌いになるのではないかという恐れで。

しかし滞在中、彼らとの間に、とくに何ごとも起こらなかった。

水中の大渓谷

シュノーケリングにおいて、何か見応えのある生き物に出会いたいときは、やはりいろいろな生き物が隠れていそうな場所、すなわちサンゴの隙間や、藻の中、あるいは磯の岩陰などを探してみるのが鉄則である。砂地にも生き物がいないわけではないが、総じて出会いは少なめであり、やはり地形が複雑であればあるほど面白いシュノーケリングになる。

それは私が、ラワ島ツアーで二番目に立ち寄った島陰でのことだった。

その島にはビーチがなく、周囲は岩で囲まれていた。切り立った崖が海中へと落ち込み、ところどころ崩れた岩が散らばって、迷路のような磯ができていた。

サンゴが海中の岩を覆い、岩とサンゴが組み合わさったその場所は、まさしく絶好の生き物探索ポイントだ。

私は、まず右のほうから取りかかり、岩伝いに左へ移動しながら、さまざまな生き物を見物していった。

熱帯魚のほか、ウニやカニやヤドカリ、ヒトデ、イバラカンザシ、ナマコなど、まずどこでも出会える生き物をざっくり眺めながら、ウミウシやカエルアンコウ、オニダルマオコゼなど少し珍しめの生き物を探す。

と、岩が大きく割れているところに出て、その間が通れるようになっていた。

なんとなくピンとくるものがあり、すかさず進入する。その先は、ちょっとした水路になっていて、両側に切り立つ岩が、狭まったり広がったりしながら奥へと続き、さながら渓谷のようであった。

魚の目で見れば、大渓谷とも言えるその水路を、私は頭を水につけたまま、さらに進んでいった。

いったいこの先にはどんな秘境が待っているのか。ひょっとして、いまだかつて出会ったことのない未知の生物が潜んでいるのではないか。謎めいた光景に期待が高まる。

しばらく泳いだら、渓谷は急激に狭まり、それ以上前に進めなくなった。

このあたりは水温も高く、降り注ぐ日光が水中に満ち満ちて、全体に白っぽい世界となっていた。生き物は少なくなり、ところどころフジツボなど、触ると怪我をしそうな生き物が岩についているのと、小さな地味めの魚だけが棲んでいる。

いったいここはどういう場所なのか。

強いて言葉にするなら、最果ての地であった。

ここから奥に土地はなく、何ものも生きてこの先へ行くことはできない。だけれども、どこか懐かしく、心安らぐものがある。

海の中の秘境発見！　と色めきたち、水面から顔をあげてみると、私は磯の潮溜まりの中に紛れ込んでいた。

そこは最果てというより、陸地のはじまりであった。

人跡未踏の大魔境にやってきたつもりでいたら、魔境どころか単なる浅場にやってきただけだった。意表だ。意表を突かれた。

おかげですっかり興ざめしたかといえば、そんなことはなく、海の中から見ると、陸地に近づけば近づくほど魔境的な世界になるという発見に、感じ入るものがあった。ものすごいところを旅したという興奮は、真実を知った後も消えずに胸に残っていた。

またひとつ新しい海の楽しみ方を見つけた気分だった。

私は本心からビーチチェアを愛しているか

もともとこんな目的もない旅を始めたのは、右足の表面が痛むという謎の症状から、意識をそらすためだった。ストレスの溜まらない何かに熱中することが、最良の処方箋なのだった。

しかし台湾ではなかなか思い通りの安寧にたどりつけなかったことから、今回はあらかじめ宿を予約して、この島にやってきたのだ。

宿を予約したことで、旅の自由度は著しく減ってしまったが、それにさえこだわらなければ、快適さは保証された。

ただ、ビーチリゾートのコテージで何日か過ごすうち、私は当然のことながら、退屈してきた。シュノーケルツアーボートは何種類か出ていたものの、行き先はどれもだいたい同じだった。

灯台サンゴと、水中に大渓谷を擁した島陰、エイの隠れ家でもあるアリゾナサンゴと、もうひとつ浅い水中がびっしりとサンゴで覆われたビーチ、そしてリゾート前のカメの出没するビーチ、あとは桟橋近辺。これらのスポットにそれぞれ二度潜ったところで、シュノーケリングに飽きてしまった。

テラスに置かれたイスに座り、漠然と海を眺める。

私は、退屈するのは想定内、そのなかでじっくりと、この旅そのものの味わいについて見つめてみるのだ、と覚悟を決めて、ここに来て感じたことの断片を心に浮かべ、胸のなかでその味わいを反芻してみたり、違う角度から見つめなおしてみたりした。

イスが固く、ベッドで考えたほうが楽だとも思ったが、そうすると寝てしまいそうだった。

やがて私は、考える前に、ちょうどいい座り心地を手に入れようと、モゾモゾ動きはじめた。

そのとき、

「ピュッ」

と鋭い口笛が聞こえ、音のするほうに目をやると、さきのシュノーケルツアーで一緒だった西洋人のカップルが、私に向かって手を挙げていた。偶然隣のコテージに泊まっていたらしい。

私は、やあ、という満面の笑みを浮かべながら、片手を挙げて無言で挨拶した。

その一連の動作は、いかにも、オレはリゾートライフを楽しんでいるぜ、お前はどうだい、という演技のようだった。

まあ、社交辞令だから、仮にそれが本心でなかったからといって、どうということはない。

ただ、その場にいる者全員で、こういう場所はとても楽しい、という大掛かりな芝居をうっているような白々しさを感じ、なんかちょっと違うんだけどな、と私は心の中で苦笑いした。おそらく向こうも、そんなことは百も承知で、あの東洋人はこんな場所にひとりで来ているなんて、おかしな奴かもしれないから、突然暴れだしたりしたときに、自分たちが標的にされないよう仲良くしておこう、ぐらいの計算でやってたかもしれない。

そしてこの瞬間、私は、なんとなく、今ここにこうしていることに違和感を感じている自分を発見したのだった。気づいてみると、それは何も今に始まったことではなく、このリゾートに来た最初の日からそう感じていたように思えた。

私は、こうやってリゾートで過ごすことが本当に好きだったのだろうか。

どうもそうじゃない気がする。

たとえばリゾートの過ごし方といえば、機織り機のような固いビーチチェアにもたれて、のんびり本を読んだりうたた寝したりする姿が思い浮かぶ。つまりまあだいたい今と同じような状況だ。

だが、実際にこうしてみると、イスは固いし、心はまったく落ち着かず、時間を無駄にしているような気がしてくる。本当は、どりゃあ、とか叫びながら海へ向かって走り出したいのを、見栄で我慢しているというか、グラスについた水滴が滴《したた》りすぎて水溜りになっているのに、それに気づいてもいないような豪胆さを装っているというか、何にせよ、苛立ちが募っていくばかりなのだ。

私は本心からビーチチェアを愛しているのだろうか。

今こそ人生の休憩時間である、何でも好きなことをやりなさい、と言われたときに、ビーチチェアに寝そべることを選ぶだろうか。

選ばないんじゃないかという気がする。

というのも、私はリゾートに来ると、みんなで楽しい感じを演じなければならないかのような窮屈さと同時に、別の意味でも、なんとなく及び腰になるのだった。気持ちとして、すみません、ほんとにすみませんと頭を下げてまわりたくなる。

理由は自分でもはっきりわからない。リゾートは金持ちの来るところだという思い込みと、自分は金持ちでないという事実がそうさせるのだろうか。何にせよ、ここが自分の居場所だと一〇〇パーセント自信を持って言い切ることができない。

頭ではわかっている。正当な対価を払ってここにいるのだから、何も臆することはないのだと。

しかし、どこであれリゾートに来ると、いかにも場違いなところに来てしまったという感覚、誰も責める者などいないのに、自分がここにいていいのかというような劣等感をうっすらと感じる。

だから、リゾートにおける私は、劣等感の裏返しとして、非常に謙虚な好人物である。スタッフに対して決して横柄な態度をとることはないし、ある程度なら自分のやり方を曲げて、リゾート内の慣例に合わせることもできる。頼んだパンケーキがまずかったときも、文句は言わずチップを払ったし、停電でエアコンが止まったときも、黙って復旧を待った。数時間復旧しなかったときは、外に出て散歩することで独自に気を紛らせたりもした。

だが、感じはじめた違和感は、やがて拭い去ることができないほど大きなものになる。

結論を言おう。

私は、いつまでもリゾートで過ごしたくない。

リゾートは私を見えないところで抑圧している。私がいつもちょっと緊張しているのがその証拠だ。

もし私が、ビーチチェアで寝そべるときがくるとしたら、それは、慌しく観光地をハシゴしていく旅行などは無粋の極みだ、という世間の圧力に屈したときだ。

本当は、やっぱり観光地をめぐりたい。

持てる時間のすべてを使って、見られるものは見たい。

そうして歩き回って疲れたとき、そのとき初めてどこかに横たわればいい。疲れてもいないのに、最初から横になってどうするか。

私は当初、この島でシュノーケリングをやるだけやって、飽きたらあとはのんびり過ごそうと考えていたが、それは自分の本心と違うことに今気がついた。

せっかく外国に来ているのだから、あれもこれもやりたいという思いが、胸に湧き上がってきた。

✤数年もたてば何一つ思い出さないだろう一日

プルフンティアン島から対岸のクアラ・ブスッに渡り、そこからコタバルまでバスに乗った。

コタバルで長距離バスに乗り換え、マレー半島の西海岸に出るつもりである。ガイドブックには、コタバルはこれといった観光名所のない新興都市だと書いてあり、観光名所好きな私は、そういうことなら夜行の長距離バスに乗って、さっさと立ち去るまでだと考えていた。

実際、二時間かかってたどりついたコタバルは、比較的品のいい地方都市といった印象で、当初はそのまま夜九時の夜行バスを待つつもりだった。しかし、重いザックを持ち歩くのが面倒くさく、どこかに預けようと思った瞬間、夜行バスも面倒くさい気がしてきたのだった。

夜行バスは宿代が浮くし、寝ている間に移動するから時間も節約できて一石二鳥とこれまでの私は考えていたし、今回もそう思って何の疑問も感じていなかったのだが、ここに来てどうも気が乗らない。夜行バスではぐっすり眠れないに違いなく、不眠は〈ペリー〉の大好物ということもあった。できれば夜はきちんと横になって眠りたい。それに、夜行バスは風景が見えない。せっかくマレー半島を横断するなら、どのぐらいジャングルかよく見てみたいではないか。そう考えて、やっぱりコタバルに泊まることにした。

それで、バスは翌朝の便の予約をとり、適当な宿にチェックインすると、荷物を置いて、散策がてら食事を取りに出た。

これまでにもバスや列車の乗り継ぎのために、とりたてて用事も興味もない街で泊まったことは何度もある。

そういう街のことは、旅が終わればすぐに忘れてしまい、どんなところだったか断片的にでも思い出すことはまれである。

このときのことも、数年たてば何一つ思い出さないだろう。そう思いながら、コタバルの繁華街を散策した。

精力的な旅人ならば、こんなときでも、地元民が集まっていそうな店をがんばって探し出し、だれかれともなく仲良くなったり、地元料理に舌鼓《したつづみ》を打ったりと、旅を一刻たりとも無駄にすまいと奮闘するのだろう。いや、本人はただ楽しんでいるだけで、奮闘とすら思わないのかもしれない。

私はそんなことをした記憶がほとんどない。

ただ散策するだけである。

しかも、その散策も無感動な結果に終わることが多く、たとえば市場を通り抜けてみたが、これといって食材に興味を向けるわけでもなく、ああ、市場だな、と思いながら通り抜けてきてしまった。

一般に旅人の世界では、市場といえば、旅先でもっとも関心を持たなければならない場所のひとつとされているが、私には他の東南アジアの国々で見てきた市場と、何の違いも見出せなかった。いや、違いを見出そうという努力もしなかった。

デパートにも入ってみた。デパートの内部は、冷房が効いて涼しく、それがうれしい。それだけの理由で長居した。ひんやりと乾いた空気が、このコタバルの街で、自分にもっとも近しいもののように思えた。

もともと泊まる予定のなかった街とはいえ、仮にも旅行中の身であり、こうしてこの街にろくに関心も興味も持たないのは、少しばかり後ろめたい気がしなくもない。旅人ならば、ありとあらゆるものに好奇心を向けなければいけないのではないか、という強迫めいた思いが頭をかすめる。

かすめるけれど、だからといって、無理に何かを探そうという気もないのだった。

夕食についても、この地方ならではの料理を探し回ることなど、はなからあきらめており、露店を冷やかしてみようとも考えず、とにかく今は野菜が足りない気がするから、野菜をちゃんと食べられるところで食べたいと、それだけ心に念じていた。

肉や魚はいらない。野菜がほしい。でも油で炒めた野菜はイヤだ。油ぎってピンピン跳ねてるような料理や、油が多すぎて雑巾的にべったりしている料理は、たとえ野菜がたっぷり入っていてもイヤだ。アジアの多くの国でありつける、フライドライスやフライドベジタブルは、たいてい雑巾的である。なぜそんなに油を使うんだ。サラダはないのか、サラダは。いや、生野菜は少々不安があるかも。となると自然と気持ちはスープへと向かった。でも辛すぎるのはイヤだとか、パクチーは嫌いだとか、正直、ほうれん草のおひたしや鍋焼きうどんが食べたいとか、わがままなことを考えているうちに、どうしたいのか自分でもどんどんわからなくなっていった。

結局レストランをめぐって遠くまで歩くも、これだという食べ物は見つからず、もう面倒くさくなったし、いい加減に座りたいとも思うから、とりあえずマクドナルドに入って休憩。

日本と同様、そこには多くの中高生がたむろしていて、宿題をやっていた。つられて私も、ガイドブックの最後のほうに書かれていたマレーシアの経済ならびに民族政策の概要を読んでみたりした。そして空腹に耐えかね、そのままビッグマックを追加注文して食ったら満腹したのだった。

そのようにして食事が終わると、さっさとホテルに戻って、自分のようなのは旅人失格だから、こういう話はなるべくどこにも書かないようにしようそうしよう、それにつけても野菜が食べたかったとかいろいろ考えながら、明日に備えて寝たのだった。

移動礼賛

コタバル発イポー行きのダブルデッカーは、ガラ空きだった。二階には、私のほかにもうひとり、現地人らしい男性が乗っているだけである。一時間も早くバスターミナルに着き、朝九時半に発車するまで、私は座席でくつろぎながら、このまま隣に誰も乗ってきませんようにと、せこいことを考えていた。短い距離なら隣に会話のはずみそうな人が乗ってきてほしいが、長距離になると、広く使えるほうがいいので、ついついそう願ってしまう。

結局、徐々に満員になるのだろうとの予想を裏切り、バスは二階にたったふたりの客を乗せたままで出発した。

昼間のバスは快適だ。たとえどんなに空いていても、夜行バスだと寝よう寝ようと意識して、体の定位置を決めるのに苦労するが、昼間は体勢も自由自在である。

私は、昨夜からこのバスに乗るのを楽しみにしていた。七時間かけてマレー半島を横断する。ただそれだけのことが、ずいぶんと面白そうだった。

プルフンティアン島へ向かったときは、クアラルンプールから、クアラ・トレンガヌまで夜行バスに乗った。そのときは、乗客も多かったうえ、いくらリクライニングするとはいえ座席で眠るのは窮屈で、それでも眠らないと疲れが残ると思ったりして落ち着かなかった。景色も全然見えなかった。

だが、今回は眠る必要はないうえ、景色が見える。実に気楽で楽しい。水をがぶ飲みしても気になる点があるとすれば、バスにトイレがついていないので、水をがぶ飲みしないよう注意することぐらいだった。

移動というのは、目的地と目的地をつなぐ、植物でいえば茎か枝のような存在で、それ自体が旅の目的ではないから、ともすれば昨日のコタバル滞在のように、そのうち記憶から抹消されても仕方ない要素のように思えるが、現実には、旅における重要なパーツのひとつである。茎や枝は、単なるつなぎではなく、植物の形を支える構造体なのだ。

いつの頃からか、旅のなかでの長距離移動を楽しみたいという思いが芽生え、最近では、移動こそが、旅の娯楽の真髄ではないかとさえ思うようになってきた。

それは、移動しなければ旅にならないという理由から言ってるのではなく、鉄道やバスで車窓を眺めながら移動しているとき、私は心身より旅と打ち解けているという意味で、そうなのである。

なによりいいのは、移動中は、自分はじっと座っているだけなのに、風景のほうで次々と移り変わり、常に何がしかの感慨を提供してくれることだ。

それだけでも十分、豪勢な状況と言えるが、それ以外にも、旅行中いつも心の底で気にかけている問題——たとえば財布は狙われていないかとか、寄ってくる客引きをどうかわすかとかいった問題からも一時的に解放されるし、今夜の宿をどうするかや、次の交通機関のチケットが無事手に入るかなどの必要不可欠なミッションも、到着するまで手の打ちようがないから、すべて先送りというモラトリアムな状態でいることができる。

つまり旅にまつわる面倒くさいさまざまな雑事がすべて棚上げにされ、自分はただ座っていられて、景色は面白く、荷物は肩に重くなく、それでいて時間を無駄にしていないという、旅のいいところだけを抽出したものが、移動なのである。

旅程の許す限りひたすら移動し続けてもいいぐらいだ。

もちろん、それは車内が清潔で空いていて、道路の状態も悪くなく、運転手が十分に安全な運転をするという前提あってのことだが、コタバルからイポーへのバスは、そこそこ清潔で、客は二階にたったのふたりで、運転手も安全運転を心がけていた。

私は、走り出してすぐ、大々的にくつろいだ。ラグジュアリーとはこのことを言うのであった。

道路の状態など、良好すぎて、刺激が足りないぐらいだ。

マレー半島のジャングル地帯を横切っていくのだから、少しぐらいは野生的であっても文句はなかったのだが、それは日本の国道と同等の道であり、見渡す限り続くジャングルも、どこか親しみやすい森といった雰囲気である。山の稜線もゆるやかで、まるで日本を走っているかのように錯覚した。この優しいジャングルのなかに虎が棲んでいるとは、とても思えないほどだ。

そうやってときどきうたた寝しながら、私はマレー半島を横断した。

日常のもろもろを棚上げにしてやってくるのが旅であるなら、その旅のもろもろをも棚上げにして、究極のモラトリアムが顕現する。それが移動である。

今は何もしなくていい。

すべては先送りに。

それでも風景だけは流れていく。

何もかも先送り。

なるべく込み入った感じのものが見たいこと

何か込み入った感じのものが見たい。

なるべく非日常的な。

というのは、旅行中の私がいつも考えていることだ。

町を歩いていても、色や形がごちゃごちゃと複雑に入り組んだ一画に、つい目が行ってしまう。たとえそれが鉢植えのような小さなものでも。

島のリゾートでは、込み入った感じのものは海の中にいた。

動きがのろいのに色が派手という生存戦略が理解できない生き物や、なぜそんな形になったのか深い事情がありそうな生き物など、サンゴがひと塊あれば、その周辺には込み入ったものが満ちあふれていた。

しかしひとたび陸にあがると、そこには整然としたコテージと、似たようなメニューを出すレストランと、同じお土産を同じ値段で売るショップが軒を並べて、私を喜ばせてくれないのだった。

そのことも、私が島を離れた理由のひとつだった。

シュノーケリングに飽きてしまうと、目が退屈しはじめたわけである。

もちろんたとえば水平線まで続く青い大海原、深い緑に覆われた幾重にも折り重なる山並みといった風景も心安らぐけれど、殺風景な町なかを歩いているときに、不意に現れる極彩色の、一見しただけではそれが何なのかわからない空間、明らかに周囲とは異質なオーラを放つ、何やら込み入った事情がありそうな空間に、心ときめかされる。

そして、それは大抵の場合、宗教や信仰にまつわる何かである。

プルフンティアン島を後にした私は、マレー半島をバスで横断し、西部の町イポーにやってきた。

郊外に洞窟寺院を擁するこの街が、私は以前から気になっていた。

洞窟寺院とは、岩山の内部につくられた中国系の仏教寺院で、そもそも洞窟に寺というだけで込み入った感じがしてそそられるし、ガイドブックで見たその写真には、行ってみたいと思わせるだけの魅力（込み入り具合）があった。

背後に、岩山の一部が大きくえぐられたような陰があり（おそらくそれが洞窟だろう）、そしてその手前に黄色く塗られた仏像が立っていた。あまりにあからさまな原

日常と非日常、自然物と人工物、科学的なものと非科学的なもの、聖なるものと俗なもの、そういった相容れないものがいっしょくたになって調和せず、その不調和がそのまま提示されたとき、神経がざわめくのを感じる。

色で、仏の霊験も何も塗りつぶしてしまったような像だった。さらには、他にもいくつか仏像のようなものがランダムに配置されており、全体として、単純な理屈では説明できない光景が展開されていた。どう見てもそこは、私の求める〝込み入った感じの場所〟だった。

郊外の巨大なバスターミナルから、市内のホテルへ向かうタクシーのなかで、運転手が一時間三〇リンギット（約一〇〇〇円）でどこへでも行く、観光するならぜひ私を使ってくれと言うので、洞窟寺院巡りを頼んだ。

イポー周辺には、極楽洞《ケロットン》、三宝洞《サンポトン》、

霹靂洞《ペラトン》などの洞窟寺院がある。

バスターミナルに到着したときから気づいていたが、このあたりには山水画にしたらちょうどよさそうな石灰岩の岩山が、あちこちにそそりたって、小桂林とでも言うべき様相を呈しており、洞窟寺院も、そうした岩山の麓に自然にできた洞窟を利用していた。

敢えて洞窟の中に寺院を作る理由など、べつにないように思われるが、中国人にとって、洞窟というものは、単なる大きな穴を超えた何物かなのである。私のざっくり察するところ、それは日本人にとっての杜（森）に相当するトポスであり、神であれ仏であれ、超越者がそこに棲むなり宿るなりしていそうな場所なのだ。

とりわけ、単なる穴でなく、向こう側に突き抜けている洞窟は人気がある。行き止まりの場合と違い、他界へ通じる感覚があるからだろう。

今回訪れた三つの洞窟寺院も、二つは複雑な経路を通って山の反対側へ抜けられるようになっていた。

私も、そのほうが込み入り度が高いという点で歓迎だ。ひととおり反対側の開口部まで行ってみて、そこから見える景色を確かめたりした。

込み入っていたのは、それだけではない。洞窟内部の景観もおかしな感じだった。

山間のビルに、大仏が格納されていた。いざというとき、発進するためだろう。このような規格外の風景を発見すると、困難な世界にあっても、未来の可能性を信じたい気持ちになってくる。何でもありなのだ。

たとえば、135ページの写真。

この千手観音に本心から手を合わせる気持ちは正直言ってないものの、一方で、これを見ていると、私は、何かしら通常とは違う神経のざわめきを感じる。

洞窟と金ピカの千手観音という強引な結びつきのなかに、ある種の情感が潜んでいるように思えるのだ。

138ページ上の写真もそう。UFOのように連なる電球と、道教の神々という組合せのなかに、見過ごせない美しさが隠れているように感じる。

そこには、本来親和的でないものが同時にその場所に存在することによって生じる、文脈の歪みが露わになって

おり、その歪み方の妙が、込み入った感を増幅している。日常と非日常、自然物と人工物、科学的なものと非科学的なもの、聖なるものと俗なるもの、そういった相容れないものがいっしょくたになって調和せず、その不調和がそのまま提示されて、不調和ならではの風景の可能性が垣間見えている気がするのだ。

こういった風景の見方は、いわゆる観光の視線とは微妙にズレているだろう。

この風景はこう見るべきという観光的視線のガイドラインがあるとするなら、明らかにそれを逸脱し、言わば、ひねくれた目で見ている。けれども、すべてが統一感をもって表現されているものよりも、こうした風景のほうが、よほど琴線に触れるのは真実なのである。

そして、そんな風景の究極が、イポー郊外にあった。

その寺は、イポー市街からタクシーで二〇分ほど走った、幹線道路から見えないやや奥まった場所にひっそりと、しかし大々的に建っていた。

一〇階建てぐらいの六角形のビルの上部に、大仏が格納されている。その隣の山にも大仏がそびえているが、異様なのはやはりビルのほうだろう。ビルの上に大仏が立っているだけで珍しいとは思うが、このようにビル内部に格納されているのは見たことがない。

おそらくこれは洞窟の表現なのだろう。聖地はできるだけ洞窟であってほしいがゆえの、この形。ビルの中の洞窟。

このような、あまり常識的でない風景に、私は、それを美しさと呼んでいいものかどうかもわからない奇妙な魅力を感じる。ユーモラスと言ってもいいのだが、そうやってただ笑ってしまうだけでは解消しきれない味わいが、胸にじわじわと染みてくるのだ。

見慣れないもの、あるいは見慣れたものの見慣れない組合せ。

こういう場所を観光するときは、決して心安らぐことはない。むしろ胸が躍り、じっとしていられない気分になる。この光景を、この場所を、余すところなく見尽くし、味わい尽くし、体験し尽くしたい欲求に駆られる。

それこそは、観光という行為における本来の心境ではないだろうか。

ちなみに、このビルの内部は吹き抜けになっており、そこでもまたインパクトのある光景（138ページ下の写真）を見ることができた。

いまだかつて見たことのない、込み入ったものを見ているという感動が、胸いっぱいに広がっていく。

美しい調和的風景は、もはや退屈なのだ。

ここには歴史に出てこないものがある。これが狂気なのか、剝き出しの本能なのか、全然わからないけれど、今後もきっと、正規の歴史に編入されることのない何かであることは確かだろう。こういうものが見たかった。

ナイトマーケットにて

その店はナイトマーケットの一角にあった。

店内は緑色に薄暗く、いくつもの湿った洞窟をテーブルに載せて売っていた。洞窟といっても、それらは骨董屋でよく見る真鍮の燭台ほどの大きさで、もっとも大きなものでもアコーディオン程度、当然人間が中に入れる〝本物〟ではない。それでも、見る限りは、どれも自然だった。

私が店に入るなり、肌着のようなシャツの抜け目なさそうな店主が、ぶっきらぼうに何か言った。何を言ったかはわからなかった。

ざっと見たところ、洞窟は行き止まりのものが多かった。反対側に抜けているものもいくつかある。反対側に抜けているだけでなく、途中で分岐して、三方向四方向に開口部があるものも、数は少ないがあった。もちろん、穴が多くて反対側に抜けているほうが値段は高い。

ためしにひとつの洞窟に手を入れてみると、内部には洞窟らしいひんやりとした空気が溜まっていた。指に地下水のしずくが滴った。

私が三方向に分岐した洞窟を眺めていると、主人が近寄ってきて、

「一二〇〇」

と言った。それは土産に買って帰るにはかなり冒険的な値段だった。

「イフ・ユー・バイ・トゥー、アイル・ギブ・ユー・ディスカウン」

私は気のないふりで、隣のテーブルの洞窟に移った。そっちのは二つ穴で、途中でひとひねりあって、形に込み入った感じが出ていた。内部に広間のようなところがあって、そこから螺旋《らせん》階段状に上へと抜けている。

主人が、陶製の小さな観音像を持ってきて、洞窟の中の広いところに置いた。こうすればいい感じだろ、というわけだった。

いい感じどころではなかった。しっとりと湿った冷たい空気が観音様にまとわりついて、瞬く間に一体化すると、洞窟の聖なる感じがますます増したように思えた。

仮にひとつ買ったとして……、と私は考え始めていた。

これは持ち帰れるのだろうか。

持ってみていいか、と身振りで尋ねると、主人は、好きなように、というふうにうなずいた。

洞窟はじっとり冷たく、ゴツゴツして、思った以上に軽かった。中からこれみよがしに涼しい風が吹き抜けてきて、私はひとつ買おうという気持ちに傾いた。胸のどこかが、きっとこれには裏がある、何かが怪しい、と抵抗したが、込み入った感じの魅力に逆らえなかった。

値切って金を払い、新聞紙でくるんでもらっているうちに、やはり何かがおかしいと思い始めた。新聞紙にくるまれ、ゴムで留められたそれを持つと、新聞紙分の重さもないように感じられた。

本当に入っているのか、と店主に問いかけると、表情にさっと険しさが宿り、

「ルバン・グア・イトゥ・ティダ・アダ・ベラ・バダン・テーセブ」

と何やら吐き捨てるように言った。

「ドゥ・ユー・セイ・ワッ？」

思わずこちらも剣呑《けんのん》に訊き返す。

店主は大きく息を吸い、倍ぐらいの大きさに膨らんで、私を無言で睨《にら》みつけた。文句があるのか、というわけだった。こちらも負けずに睨み返すと、さらに鼻の穴を膨

らませ、そこから空気を吸い込んでますます大きくなっていった。

そんなことだろうと思ったよ、と私は呟いた。

店主は瞬く間に店全体に広がり、店内にあった椅子も棚も商品さえもが、店の外に荒っぽく弾き出された。みしみしと建物が軋《きし》む音とともに、かつて店主だったものは、上半身が天井に押し潰された形になって、もう顔がどこにあるかもわからなかった。

Ⅲ　ラダック

わが最愛のザックが、神に見放されるまでの顛末

フタフタと地を這いずる黒い鱗《うろこ》のようなターンテーブルに載って、私の愛して止まない自分のザックが姿を現さなかったとき、最初に思ったのは、やはりそうきたか、ということだった。

ひょっとして、このたび自分のザックが、何百という預け荷物のなかから最も適切なそれとして選別されて神に見放され、飛行中の機体から目には見えない超自然的なダクトを通じて大気圏外に放出されているんじゃないかという予感が、搭乗前からしていたのである。

何も負け惜しみでこんなことを言うのではない。何でも悪い方向に予感する癖が私にあるわけでもない。ロストバゲージなど、私の長い海外旅行経験でも初めてのことであり、今回は、神が私のザックを見放したと類推できる理由があるのだった。

この件の責任は私にもあるが、おおむね神にある。

日本からの飛行機でニューデリーの空港に降り立ち、ラダック地方のレーに向けて国内線にトランジットした際、いったん預け荷物をピックアップし、あらためて国内

線に預けるよう、成田で注意されていた。

もちろん私はその通りにした。トランジット・カウンターでレーへのチケットを見せ、ザックを係員の目の前でコンベアに載せたわけである。

このとき、私のザックには、成田でつけられたニューデリー経由レー行きのタグが外されずに残ったままになっていた。

ニューデリーでいったんピックアップせよと言いながら、レーを示す記号が書かれたタグをつけるのは、少しおかしい気が成田でしたのだったが、旅行中のものごとは厳密に考えてはいけないというフェルマーの定理に従い、というか厳密に考えたらイライラすることばかりだし、だいたいのことは、相手に任せておけば、自分で考えるよりうまくいくという、長年の経験で体に染み付いた旅の真実に則《のっと》り、このときもタグのことでいちいち悩んだりはしていなかった。

係員は、私に搭乗券を発券し、さらにカウンターの中にある神の口から、タグがペロペロペロッと印刷されて出てくるのを待った。

ところがどういうわけか神はぐずぐずして、タグがなかなか出てこなかったのである。

係員は、別の係員とおしゃべりしながら、しばらく左手を神の口に添えてタグを待っていたが、ちっとも神のやる気がないので、途中であきらめ、私の成田からのタグナンバーの入った引換シールを確認し、成田で巻かれたタグをつけたままにして、「どっちにしたってレーと書いてあるんだからオッケー楽勝」と言ったのかどうか、私には聞き取れなかったけれども、それ持ってあっちいけ、というふうに私を追いやったのであった。

そして係員がコンベアのボタンを押すと、わが最愛のザックは、ぎくしゃくしたロボットのような動きで、係員の背後にあるコンベアの本流へと押し出され、そのまま床の穴へと消えていった。

この時点ですでに神の怠慢は明らかなのだが、同時に私の荷物に国内線のタグがついていないのも明らかで、そういうことで果たして、わがザックはレーに正しく到着するのであろうかと、私の脳裏にはっきりと疑念が刻まれたのであった。

だが、係員の堂々たる態度から、私は、かの旅行中のものごとは厳密に考えてはいけないという定理を思い出し、ここで騒いだりしては鬱陶しい客と思われるだけ損、タグは違うが、レーはレーなんだし、小さいこと言ってんじゃない、これでなんとかなるから旅は不思議なのだ、と勝手に気を大きくして、自分の疑念に蓋をしたのである。

もしこれが先進国でのことならば、私は断固たる態度でタグについて問い正したろう。しかし、ここはインドだった。

インドは伝統的にいろいろと厳密でないことに馴れているに違いない、だから逆にこういう例外にはなめらかに対応するだろう、そう考えた。

実際、そうやって細かいことにいい加減でも、最終的になんとかなるという経験を何度もしてきた。とりわけアジアの国ではそうだった。アポイントなしで会いに行ってもうまく会えたり、交通手段がないときでも何らかの乗り物が登場したり、部屋がないと言われてもそのうち出てきたり、こちらが焦って右往左往しそうになると、なぜか原因不明の理由によって問題は解決し、終わってみればつつがなしということがよくあった。

今回も問題ない。どーんと構えていればいいのだ。私はそう考えた。

しかし、心のなかにひっかかりがあったのも事実で、早くレーに着いて、このモヤモヤから解放されたいと願いつつ、国内線に搭乗したのだった。

そうして、レーに到着すると、空港の女係員が、無情にこう言い放ったのである。

「この引換証は、ジェットエアウェイズのじゃないわ」

さらば、いい加減な旅

女係員の言っていることに非の打ちどころはなく、非の打ちどころがあったのは、ニューデリーのトランジット・カウンターの係員の処置であった。しかし最終的には、そのときちんと非を打たなかった私に非があるという、今回の悲しみを、仮に確定申告時の税務署的ニュアンスで見れば、そういうことであった。

税務署的ニュアンスの世界では、すべての不備は私の責任だからである。

しかし私の中には腑に落ちないものが残る。

そんなふうに税務署的ニュアンスでは見ないのが、インドのやり方ではなかったか。

その後この件がどうなったか、気を持たせずに先に言っておくと、まず私はあらゆる着替えが大気圏外に消えてしまったので、初秋のラダックの夜の寒さを乗り切るために、肌着とフリースをユニクロ以上の金額で購入。それを身につけ、純真無垢な私のザックが極悪宇宙生物に寄ってたかって蹂躙《じゅうりん》される恐ろしい光景を涙とともに想像しながら、一晩眠った翌朝になって、荷物が大気圏外から戻ってきたとの連絡を受け、空港に急行して愛しいそれを回収した。

つまり問題は翌日には解決してしまったわけだが、私の胸には、言い知れぬ居心地の悪さが消えずに残ったのである。

十年前のインドなら、こんなことは起らなかったと思うからだ。

十年前のインドなら、荷物がなくなるとすれば、むしろ何ら理由のないときにこそなくなり、今回のような原因のはっきりしている場合は、アクシデントに面白味がないという理由で、かえって起らなかった気がする。

タグが違っていても、レーって書いてあるんだから、レーに送っちゃえ、というような大雑把なシステムによって、荷物は私と同時にレーに届いたはずなのだ。

トランジット・カウンターの係員も、そういうアバウトさの記憶があるからこそ、タグをそのままにして、私を行かせたのではなかったか。

けれども時が過ぎ、この国にも税務署的な変化が起こり、人々は徐々に税務署的人間へと変えられていったのだ。空港の女係員は税務署的人間であった。

もちろんそれは、合理的な社会のふるまいであり、私自身もある程度はそうあるべきだと思うひとりであるけれども、一方で、そうなっていないところがインドの魅力でもあったわけで、無礼講だと思ってやってきたら、フォーマルなパーティーであったような、寂しい気持ちがするのだった。

そして、実を言うと、寂しい変化はそれだけではないのだ。

これはインドに限ったことではないが、インターネットの登場で、海外旅行が不自由になってきたのである。

これまで、海外の宿は、現地に行って飛び込みで泊まるものであり、直接電話して予約できるほど現地語が堪能か、あるいは旅行会社に手数料を払って依頼しない限り、日本から予約などできなかった。

それが今では、小さなゲストハウスでも、日本から、自分でネット予約できたりする。

当然予約を入れておいたほうが、安心かつ効率的であって無駄がない。

だが、効率的であって無駄がないことは、旅の自由さとは矛盾する。むしろそうなると、予約した通りに行動しなければならなくなって不自由なのである。はじめはこっちに行こうと思っていたけど、やっぱりあっちのほうが面白そうだからあっちに行こうというような臨機応変な対応ができにくくなるのだ。

予約なしで出かけることは今も可能とはいえ、世界中どこからでも予約できるということは、それだけ宿が早く埋まってしまう可能性があるということでもあり、どこも満室だったら困るから、最低限の宿は予約しておこうと思う自分もいて、そうして予約しようと思ったら英文でメールを送らないといけなくて面倒臭いから、やっぱりいいや現地に着いてからで、ってんで行ってみたら案の定満室、みたいな難儀な事態が容易に想像できる。

便利になればなるほど不自由になるこの本末転倒。旅が、というか、旅本来の持ついい加減な感じが、みるみる我々の手から奪われていく。

さらば、いい加減な旅。

さらば、大雑把な国。

そのことが私にはとても寂しく思えて仕方がないのだが、それは、誰もいない遠いところへ行こうと思ったら団体ツアーで行くのが一番手ごろという、昭和時代からある旅のパラドクスの、発展形に過ぎないとも言える。

偉大なニュース

その偉大なニュースを知ったのは、インドへ向かう飛行機のなかで、機内誌を読んでいたときだった。

中国の奥地で、未知の鉄道発見！

外国人旅行者が、中国で、いまだ世界に知られていない新種のローカル鉄道を発見し、取り壊して道路にされそうになっていたところを保護したとのこと。

さすが、中国である。

おそらくかの地には、知られざる地方都市のひとつやふたつ、今も眠っているに違いない。

規模は劣るが、私もかつて、ミャンマーの一地方で、知られざる大仏を発見したことがある。

ミャンマーでは、ときどき山の中などで大仏が自然発生し、放っておくと、全長一〇〇メートルぐらいにまで成長する。

その大仏も、涅槃仏《ねはんぶつ》だったために、野焼きに来た現地の住民にも気づかれず、たまたま私に見つかるまで、独自に巨大化していたのだった。すでに全長一〇〇メートル、三階建てのビルを枕にするまでになっていたから、ほぼ完成間近だったといってもいい。胎内はまだ出来上がっていなかったが、発見がもう少し遅かったら、すっかり開眼し、「天上天下唯我独尊」だとか「我思う、ゆえに我あり」だとか何かそんなことを言って、衆生を苦しみから救っていたことだろう。

その後、大仏は何らかの仕組みによって増殖。現在、周囲に無数の仏像が乱立し、地元では一大仏教テーマパークとして利用している。

原風景への旅

ラダックへ行こうと思ったとき、私の中では、もう〈ペリー〉をどうにかしようというような望みは、消えかかっていた。

台湾でもマレーシアでも、それは来るときは来たし、来ないときは来なかった。そこにある不規則性、あってないような法則性は、日本で暮らしているときのそれと何ら違いは見出せなかった。たいていそれは夜にやってきて、昼には症状が軽減したが、ときにはまったくやってこない日もあったし、昼もずっと痛み続けることもあった。昼に軽減しない場合は、ほぼ睡眠不足が原因だ。あるいは何らかのストレスにさらされたときに痛むが、その頻度も日本にいるときと変わらなかった。

もはやこの痛みは、小手先のリラックスでは如何ともしがたいのだと、私は思うようになっていた。この先何を書いていくべきかというよりも、生き方を変更するぐらいの英断が必要なのかもしれない。それはつまり、仕事を変えるということである。

だが、それにもまたストレスが伴う。旅をして書く以外に私に何ができるというのだろう。また、もし仮に、厳しい再就職の試練を乗り越え、新しい仕事を見つけたとしても、それで〈ペリー〉が消滅するという確証もないのだった。

ああ、四十にして惑わずとは、いったい誰のことであろうか。

私も三十五ぐらいのときは惑っていなかった。いや、四十でも惑っていなかったかもしれない。それが四十五を越えたぐらいから、みるみる惑うようになっていったのだ。五十になったとき、自分が天命を知っているとは思えない。

だが、こんなふうに仕事の先行きに悩むこと自体は、別に異常なことではないはずだ。そうやって悩みながら生きていくのが人間ではないか。このような行き詰まりを、ひとつひとつ解決したり、解決できなかったりしながら、前に進んでいく。それが人生のごくありふれた形ではないか。

私は心を鎮め、〈ペリー〉に振り回されて右往左往する前に、一度自分の旅の原点を思い出してみるべきだと考えた。

新しいスタイルや、これまでにない何か、を模索する前に、まずは基本に戻ってみることが大切だ。

私の旅の原点は何だったのだろうか。私はなぜ旅を始めたのだろう。

………しばらく考えてみたが、これは愚問だと気づいた。

何か答えようとすれば、過剰な自意識にからめとられて、かえってテキトーな、人生訓めいた言葉を捏造してしまいそうな問いである。

そこで、問いをこう変えてみる。

私の旅の原風景はどんな風景だったか。

この問いにならば、はっきりと答えることができる。

それは、高原である。

私は旅心がついたときから、ずっと高原に立つ自分を夢見ていた。

なぜ高原なのか。

私の生い立ちに、高原は一切関わっていない。

どこかの高原で生まれたわけでもなければ、暮らしたこともない。初めて行った旅先が高原で、強い感銘を受けたという記憶もない。にもかかわらず、高原が私を呼ぶのだ。

しかも高原ならどこでもいいわけではない。日本によくある森深い高原ではだめだった。金持ちになって避暑地に別荘を持つというような夢を重ねているわけではないのだ。

そこは、森林限界を越えた、ほとんど草木の生えていないような高原でなければならない。

草木が生えていないからといって、砂漠で代用できるかといえば、それも違う。砂漠にはまるで興味が湧かない。広大な砂漠の果てに沈む夕陽が見たい、などとロマンチックなことは一度も思ったことがない。

森林限界より上でなければならない理由を、自分なりに分析するとすれば、何もなさゆえにどこか天空に通じているような、清涼な空気感に惹かれていると言えば言えそうな気がする。

そんな私にとって、究極の旅先は、チベット高原だった。

旅を始めた最初の頃からそう思っていた。チベットこそは私の原風景に最も近い。

私は卒業旅行で、いまだ開放されていなかったチベットの前哨戦としてネパールを訪れ、その後エベレスト街道をトレッキングもしたし、新婚旅行では、ついにチベットを訪れ、ラサからヒマラヤ山脈を越えてカトマンズまで、ランドクルーザーで通り抜けた。

チベット高原は、期待にたがわぬ風景で私を迎えてくれた。原風景とはこういうものだというような、実にしっくりくる風景だった。

ただ断っておかなければならないのは、しっくりくるというのは、ここに来ればほっとするとか、ここに住みたいというような意味ではなく、むしろ馴染み深い孤独がここにあったというような、少々ヒリヒリする寂しい感触で、目が離せないわりに、長く居ると逃げ出したくなりそうな、紙一重の危うさを孕《はら》んでいた。それもまた原風景というものの持つ性質なのかもしれなかった。憧れがある一方で、そこに定住することは、ためらわれる感じであった。

私はこのたび、あらためてそんなチベット高原を思い出した。

思えば最後にチベット・ヒマラヤ界隈へ行ったのは、もう十年以上前、中国のカシュガルからカラコルム山脈を越え、パキスタンのフンザ地方へ抜けたときだ。それ以来、すっかり遠ざかっている。

久々に、チベットに行ってみよう。

自分の旅の原風景の中にこの身を置いてみよう。

不惑の年をとうに過ぎたにもかかわらず、依然惑っている今、その地に立つことで何か思うところがあるかもしれない。

そうして私は、チベット文化圏のなかでまだ足を踏み入れていなかったインド・ラダック地方、その中心地であるレーの街にやってきたのだった。

「お前の存在など、単なる関数に過ぎない」

レーの街は、埃っぽく雑然としていて魅力がない。

おまけに斜面にあるために町全体が傾いており、毎年、緩慢な速度でインダス川に向かってずり落ちているのではないかと思えた。

喧騒を避け、市街地の北にそびえるナムギャル・ツェモ・ゴンパに登ってみると、その思いはますます強くなる。

見渡せば、周囲の山には建物どころか樹木もなく、レーの町が、たまたまそこに広げられたランチョンマットであるかのように、いく本かの道路で地面に繋ぎ止められ

ている。

広大なラダックバレーのなかで、この場所にランチョンマットを広げた理由はとくに見当たらず、どこでもよかった、という顔をした雲が、町の上空に浮かんでいた。

しかし、だからといってこの地が何の見る価値もない場所かというと、それは一八〇度間違っている。

ラダックでは、風景のあらゆる特異点にゴンパ（チベット密教の寺）が建てられるが、ナムギャル・ツェモ・ゴンパに立ってみれば、それが天空へと通じる回廊であることが知れる。

風景全体に張りつめる凛とした冷たい空気。日光は、低地なら、まるで包み込むようにこちらを熱してくる肉（三次元）のぶ厚さがあるが、標高約三五〇〇メートルのレーにおけるそれは、直線の集積である。三角定規のように降り注ぐ日光。そこに三〇センチ定規的な風が吹き、道端でホースからこぼれていた水の流れには分度器的な純粋さがある。ゴンパの内部を埋め尽くす、細部まで濃密に描かれた装飾、仏像、彫刻などは、この幾何学的世界への人間の側からの抵抗だ。関数のような空間に、仏のためではなく、人間自らの依り代を作ったのだ。

それは無機質で非人間的に美しい風景のなか、人間の肉体に釣り合う複雑さ、込み入った感じが、どこかに必要だったから、人間の意識によって作られた瘤のようなものとして、心の取っ掛かるドアノブのような場所として設置されている。

森林限界を越えた世界は、熱帯雨林のように人間を数ある動物のうちのひとつの種に過ぎないとみなすのとは違い、全動物の存在すら一顧だにしない。この限りなく空疎でピュアな風景のなかで、三角定規の王たる天は、こう宣言する。

「お前の存在など、単なる関数に過ぎない、どうなろうとまったく知ったことではない」

靴下の座禅的効能について

高山病のことは少しだけ気にかけていた。

高山病には、なりにくい人と、なりやすい人がいるようだ。私は、その中間である。標高三五〇〇メートルのレーは、私にとって高山病になるかならないかのギリギリの高さだった。

陸路で登ってきた場合はならないが、空路で一気に飛んできた場合は少々頭痛がする、そんな高さだ。そして今回は空路だった。

私は以前、チベットのラサで高山病になったことがある。ラサもレーと似たような標高だから、今回も高山病に罹《かか》る可能性がある。似たような標高にあるエベレスト街道のナムチェ・バザールでは平気だったが、あのときはもっと低いところからチビチビ歩いて行ったのだった。

高山病になりやすいかどうかは、体力とはあまり関係がない。若く健康な体をもっていれば大丈夫ということもない。肺活量とか、持久走のタイムとか、鼻の穴が大きいかどうかもあまり関わりがないようだ。星座か手相か何かのほうが、相関関係があるのかもしれない。

事実、今回のような中間的な標高においては、運や思い込みといった非科学的なものの影響は無視できない。もしここに神社があれば、どうなるかはおみくじで決まるだろう。つまり高山病に罹るような気がすれば、だんだん罹るのであり、罹らないという信念があれば大丈夫なのである。

もちろん私は罹らないほうに賭けた。きっと高山病の存在を思い出さなければ、それで済むだろう。平気だ、楽勝だ、と言い聞かせ、できれば忘れてしまうように心がけた。

最初の夜は、ロストバゲージのことで、うんざりしていたし、足も痛かった。だから高山病にこっそり忍び込まれる可能性も高かった。よくない事柄どもは、お互い連絡をとりあっていて、標的は今弱っているぞという情報をツイッターで共有しているからだ。私のマイナス情報は、ロストバゲージ・シンジケートか〈ペリー〉陣営が、アップしているはずだった。

この、よくない事柄どもの連鎖を断ち切るには、経験上、座禅的な心がけしかないことがわかっていた。オセロのように状況を一気にひっくり返そうとしても、すでにアップされてしまった不都合な事態をなかったことにするのは不可能であり、動き始めてしまった歯車は、祈りや懇願によって静止させられるほど友好的ではない。そういうときは座禅だ。厳密な意味で座禅そのものでなくとも、座禅的に断ち切るのだ。すなわち、すべてをゆるやかに許し、もしくは忘れ、あるいはあきらめることで、穏やかな境地に至るのである。

私はこの不利な情勢を平らかにするために、静かな音楽でも聴きたかったが、あいにくこの日、音楽はザックとともに、大気圏の彼方に行方をくらましていた。宿のテレビは壊れていてコマーシャルさえ見ることができなかったし、温かい浴槽に浸かるのは効果的だったが、部屋には浴槽がなかった。

こういうとき、性的な妄想によって、体を活性化し、それを持続させて、すべての悪い思念を脳内で強引に塗り潰すという、中国の房中術にも似た方法論が思春期に確立されてはいたが、それを行なうと眠れなくなる副作用があり、今はその手は使えなかった。睡眠不足は〈ペリー〉を増長させるからだ。

困った状況であった。この時点で高山病はまだ私に手をつけていなかったが、考えれば考えるほど、時間の問題という気がしてきた。

私は日記を付けることにした。

旅は始まったばかりで、たいして書くこともなかったが、それでも黙々と何か書きつけた。

今ごろ大気圏外で極悪宇宙生物に蹂躙されているだろう私の荷物のひとつひとつについて、その思い出とともに書きつけていった。家族でキャンプするときによく使っていたヘッドランプ、海に行くときも山に行くときも、いつも着ていた化繊のTシャツ、色はグリーンとグレー、買って間もないチノパン。四国でお遍路したときに購入した厚手の靴下、ダークブルーとグレーなどなど。

失われた品々を書きつけていくうちに、私は、そうした自分の持ち物に知らないうちに愛着を持っていたことに気がついた。ただの装備品ぐらいにしか考えていなかったそれらの荷物が、失われてみると、他の同様の品では換えがたいもののように思えるのであった。とくに靴下への愛に気づいたのは、意外な収穫だった。

私はダークブルーとグレーの靴下とともに旅した土地を思い浮かべた。

主に長く歩くときや寒い季節に履いていた靴下。それを履いて歩いた幾多の旅の情景を思い出すうちに、私の頭は徐々にリラックスした柔らかい感じになっていった。

靴下の座禅的効果だった。

ああ、旅はいいなあ。どこかに旅に出たいなあ。

そういうふうに、私の心はとろけていった。

これまでに旅した数々の土地の風景が、私を豊かにした。

旅?

まさに今がそうじゃないか。

思えば、なんという理想的な状況に私はいることか。

そうだ。たとえ荷物が極悪宇宙生物に蹂躙されていても、私自身がここにこうして無事でいるのなら、おおむねオッケーじゃないか。オッケーどころか、よくよく考えてみれば、今私は到着したばかりで、これからいろいろ面白そうである。そして実は、ロストバゲージも高山病もその面白そうの一部、精巧な部品のひとつだったのであり、いわば運命論的な意味で必然であり、盆栽的観点で見れば他人事であった。

このようにして私は、自分でも意外だった靴下の効能によって、高山病の危機を乗り越えたのだった。

子どもの写真を撮って、つまらない気分になったこと

とあるゴンパを訪ねたときのこと。

見学し終わって、ゴンパの頂上から景色を眺めていたところ、迷路のような階段が、

僧坊の間を縫って、麓の集落へと続いているのが目に入った（写真参照）。

あらかじめ全体の設計図を引いて建築したのではなく、その場その場で地形に合わせて建てていった結果、階段が迷路状になったという構造。ゴンパ建築の魅力は、たいていの場合、建物が込み入った配置になっていることである。

階段も面白そうだし、集落も見てみたかったので、下りていった。

階段は幅が広くなったり狭くなったり、ときに分岐したり、通路によっては行き止まったりしながら、何度も折れ曲がりつつ、それでも着実に私を麓へと導いていった。

やがて徐々にゆるやかになり、集落が近づいてきた。そしてちょうど麓に下りたところで、目の前の道を、小さな小さな、最近歩き始めたばかりといった年頃の女の子がよちよちと通り過ぎ、そのあとを母親がゆっくりと歩いていくのが見えた。

このとき、私の心は階段の余韻で満たされており、その親子のことはまったく意識していなかった。

――と、母親がふり返った。

そして私がカメラを持っているのを見つけると、物憂げに女の子を呼びつけ、「写真が来たよー」というようなことを言った。厳密に何を言ったかは現地語なのでわからないが、フォト、という単語が混じっているのは聞き取れたのである。

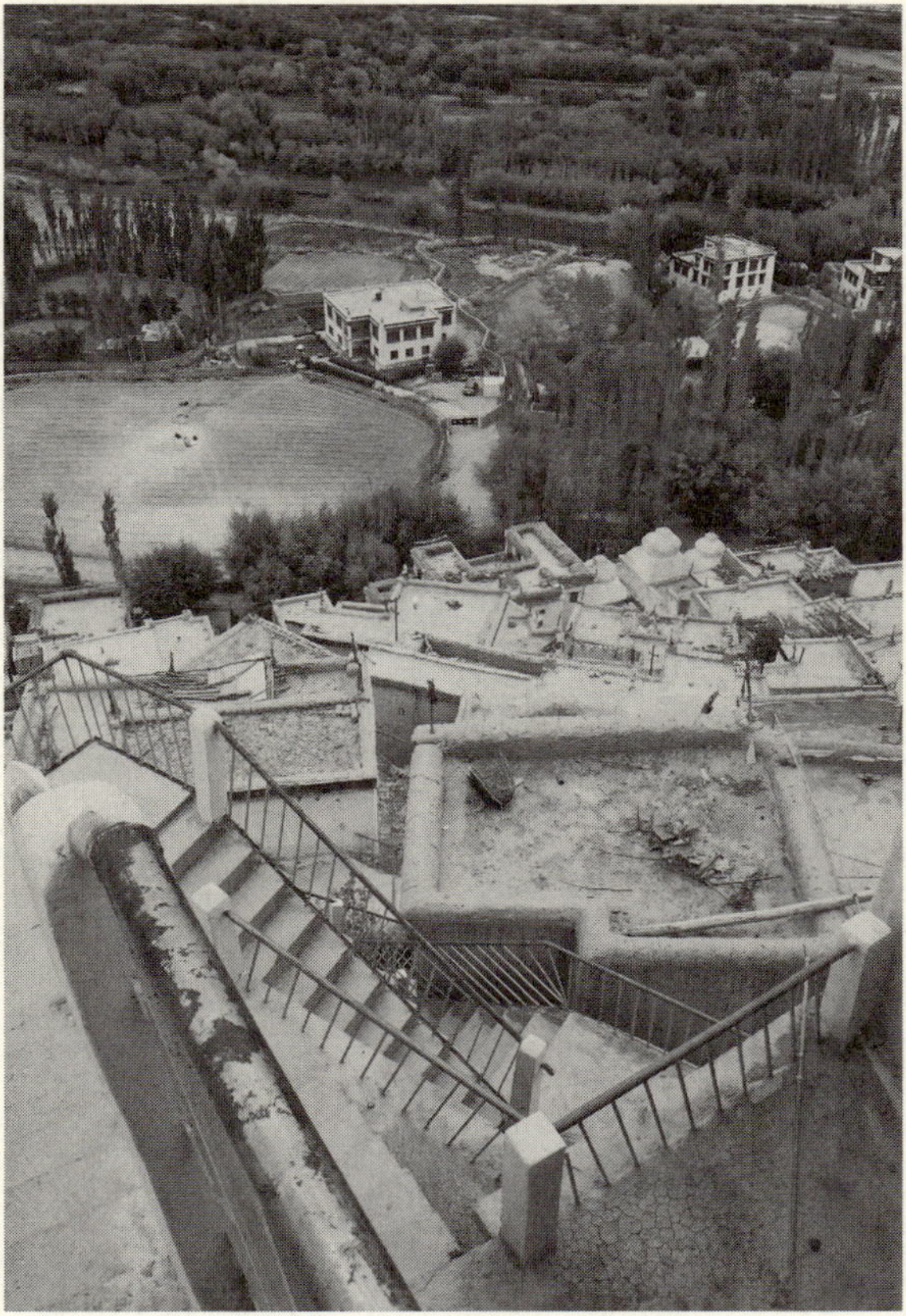

込み入った配置の建物を抜けて、階段を降りる。
自分が辿った経路を、正確な地図にしてみたい。
そしてその地図に、途中途中の見どころ写真をいっぱい貼り付けたい。

私は、写真を撮って欲しいんだな、と瞬時に理解した。ならば撮ってあげよう。

神妙な表情の女の子を正面から撮った。

母親もいっしょに撮影しようとすると、母親は、勘弁してくれというふうに顔の前で手を振り、それでも女の子を笑顔にしようと、あやしたり、話しかけたりしていた。何枚か撮り終わると、私はデジカメの画面で母親に写真を見せて、これでいいかと確認した。母親は無表情でうなずいた。

旅先では、よくある出来事だった。母親は、めったに手に入らないわが子の写真が欲しいのだ。私のほうも、写真を撮るだけで喜ばれるなら、それはそれでうれしい話であった。

そんなわけで、当然の流れとして、私は日本に帰ったらこの親子に写真を送ることになるだろう。なので、住所を聞いておこうとザックの中身をまさぐっていたところ、意外なことがおこった。

親子が何も言わずに、その場を立ち去ったのである。

「あれ、写真いらないの？」

思わず日本語で背中に声をかけてしまったが、親子はふり向きもせずにそのまま行ってしまった。

どういうことだ？

後は自動的に写真が届くと思っているのだろうか。

まさか、そんなことはないだろう。親子の名前さえわからないのだ。

ということは、本当は母親は、写真などいらなかったと考えられる。

それなら、どうして私に写真を撮らせようとしたのか。べつに腹が立ったりはしないけれども、困惑した。

そして思ったのである。

外国人観光客が来ると必ず子どもの写真を撮ろうとするから、母親のほうもすっかりそれに慣れてしまって、私を見た途端、親切心で撮らせてあげようと考えたのではないか。写真はもうたくさん持っていて欲しくもないけど、撮りたいなら撮れば、というわけだ。

推測ではあるが、ありそうなことだった。

んんん、気遣いはありがたいが、私は旅行中、子どもを撮影しようとは、全然思わない。子どもどころか、現地の人を撮影することもほとんどない。仲良くなった間柄ならともかく、見知らぬ人を一方的に撮影するのは気が引けるし、単純に人物写真より風景写真のほうが好きだ。なので、申し訳ないが、そんな気遣いは無用だった。

しかし、旅行者は一般に、現地の人を撮影したがる。

私も海外旅行を始めた当初は、現地の人をよく撮っていた。それが海外を旅した証になるように思ったからだ。何の証かというと、現地の人と交流した証である。本当は交流したわけでもなんでもなく、そこにいた人に頼んで撮らせてもらっただけなんだけれども。それでも、風景写真よりも人物写真のほうが、現地に深く食い込んだ感がある気がしていた。

以前ラオスを旅していたとき、三〇〇ミリ近い望遠レンズを持った西洋人女性を見かけた。鳥でも撮影するのかと思ったら、人ばかり撮っていた。望遠レンズがあれば、本人に悟られないで撮れるのだった。嫌な感じであった。

その西洋人女性も、人を撮ることが旅行先へ一歩踏み込んだ証になると思っていたのかもしれない。しかし、踏み込むどころか、踏み込めないでいるからこその望遠レンズなのである。人を撮るなら広角で撮ってみろ、と言いたくもなったが、勲章でも持ち帰るつもりで写真を撮っているという点では、広角レンズで間近から撮ったところで同じことだった。自分も本質の部分では、その西洋人女性とやってることは変わらなかったのだ。

そういった過去を思い出し、私はじわじわと居心地の悪い気持ちになっていった。あんたもうちの子を撮りたいんだろ。かわいい笑顔を撮って、そこに心温まる交流があったかのように演出したいんだろ。母親にそう言われた気分だった。

彼女は撮影中、なんとなく面倒くさそうに見えた。あるいは外国人観光客のことを、わずらわしく思っていたのかもしれない。杞憂かもしれないが、もしそうだとすれば、申し訳ないことだった。私はなんだかつまらない気分になって、その集落をそれきり出てきてしまった。

ゴンカンの忿怒尊

ラダックの寺院にはときどき、その霊力があまりに強烈なために顔を布で覆われた忿怒尊像がある。

レーの南、スピトク・ゴンパの頂上にも、それがあった。

窓もなく、内部が屈折して光が届かない構造の、ゴンカン（護法堂）の暗闇のなか、蛍光灯の薄明かりに最初にぼんやりと目に入ってくるのは、周囲の壁に並ぶ、すでに相当恐ろしげな形相の仏たち。

そしてまるで猛獣でも封じ込めるかのようなフェンスで仕切られた向こう側、黒々とした壁をバックに、見る者を圧して高く、剛腕をふりかざすのが、忿怒尊である。あまりに強烈なために封じられた霊力とは、いったいどんなものなのか。

しかし近づいてみると意外にも、顔に布を被せられたその姿は、強烈すぎる霊力どころか、むしろ寂しさが感じられた。

まるで「あんたはダメ」とお母さんに叱られた子どものようだ。

お母さんがダメと言うんなら、しょうがない。

本来、忿怒尊は物凄い形相であり、布の下では、あらん限りの怖い顔をしてみてるんだけど、ダメと言ったらダメなのである。

「お母さん、まだダメ?」

「ダメ」

布の上からは、髑髏《どくろ》がひとつだけはみ出していた。

ラダック渓谷のあべこべな景観

車をチャーターし、下ラダックを巡る旅に出ることにした。

下ラダックとは、レーの北西地域一帯のことで、インダス川の下流にあたるので、便宜的にそう呼ばれている。いくつかの町があり、ゴンパがある。

ゴンパは、インダス川を遡った上ラダックにも数多くあって、つまりどこにでもあるわけだが、たくさんの観光客が訪れている上ラダックに比べ、下ラダックは観光客が少なめだと聞く。道が険しく、交通の便がやや悪いようだ。

しかし私はガイドブックで見たときから、下ラダックが面白そうだと感じていた。下ラダックのほうが地勢がダイナミックだからだ。

このことは私を少々混乱させる。

山は、通常登れば登るほど険しくなるもので、下のほうが険しいというのは、なんだかあべこべな感じがするではないか。

そうでなくても、ラダック渓谷というところは、これまで見てきた山岳地帯の風景とは違って、なんだか不思議な感じがある。

最初にレーの町全体を見渡したときも、その後郊外の町やゴンパを観光しに出かけたときも、これを渓谷と呼ぶべきなのか高原と呼ぶべきなのか迷ったのだった。インダス川に沿って開かれたこの土地は、両側を山々に囲まれているものの、幅が広大で、傾いた平原といった趣がある。どこも緩やかに傾いているので、世界がテーブルクロスのように滑り落ちそうで落ち着かない。

広大過ぎて、町の周囲に土地が余っており、その町がその場所に置かれなければならなかった理由も、異邦人にはよくわからない。これが平らな土地であれば、周囲のスカスカも見えないからそんなことは気づかないのだろうが、斜面になっているせいで、町がそこに忽然とあるのがよく見えるのだ。

そしてもうひとつ、これがとくに不思議に感じる本命で、なだらかなラダック渓谷は、レーの麓付近で突然終わるのだが、終わってどうなるかというと、その先インダス川が急流となって大峡谷をえぐり取り、めまぐるしい高低差を出現させながら、山襞が複雑に入り組んだいわゆる山岳地帯を形成するのである。

この、山岳地帯が平原より下にあるところが感覚的に腑に落ちないというか、理屈上はそんな場所は日本にもあるだろうと思うものの、それが森林限界の上にあって地形がむき出しになっていることと、規模がでかいせいで、違和感が際立つのである。あべこべというか、本末転倒というか、上下が逆な感じ。

現実にレーからインダス川に沿って、みるみる急角度になる斜面を下っていくと、あたりは深山の雰囲気に包まれ、これより上に大きな街があることや、広大な平原があることが、とても信じられなくなる。

大きなダムを下から見上げたときの気分といえば、わかるだろうか。ここより上に大量の水があって、のどかで広大な水面があるという、あの変な味わい。自分は確かに地面に立っているのに、そこはダムの底の高さであるという落ち着かなさ。

かつて飛行機や自動車などという便利なものがなかった時代に、ラダックを訪れた人々のことを想像する。

奥深い山岳地帯に分け入り、この先に人が住むとはとても思えないような道をたどって、急峻な山を登り切ったと思ったら、そこに大平原と大きな町があったという驚き。

天上の世界だと思うのではないか。

もし、このような逆転が可能であるなら、その先も、登るたびに新しい平原が現れて、新しい町が見つかるはず。ならば、そうやって繰り返し登っていくことで、最後は天国にたどり着けるかもしれない。

当時の人々が、そう思ったとしても不思議はない。

仏教の世界観では、世界の中心には須弥山《しゅみせん》なる聖山がそびえており、仏がそこに住むとされる。モデルがヒマラヤであることは間違いないが、詳しく見れば、それが幾層にも分かれていることに気づく。上には上があるという構造。それは、現実の地理にそっくりである。

聖なる山、須弥山は、理念ではなく、地理感覚として存在する。

しかも須弥山は、上に行けば行くほど広がる逆四角錐になっている。頂上に至るまでには、オーバーハングの斜面を延々登り続けなければならない。このオーバーハングも、ラダック下流の大峡谷を彷彿させる。

極端に険しい斜面の上に、広大な平原が待っている。それこそまさに、この地方の風景そのものなのだ。

私を乗せた車は、ダムのようにラダック平原を支えている膨大な土の堆積の上を走ったあと、大きな砂場にしか見えない斜面を蛇行しながら下っていった。まったく草木の影もない砂の斜面は、インダス川に深くえぐられ、砂ならではの勾配を保ちながら、はっきりした渓谷を形成している。雄大な景色であるにもかかわらず、そのシンプルさたるや、まるでミニチュアを見ているようだった。子どもの頃、幼稚園の砂場に掘った水路のようだ。

奥深い山岳地帯に分け入り、この先に人が住むとはとても思えないような道をたどって、急峻な山を登り切ったと思ったら、そこに大平原と大きな町があったという驚き。天上の世界だと思うのではないか。

やがて、同じような砂場の水路が、別の方向から現れて、ひとつになった。インダス川とザンスカール川の合流地点である。それは壮大としか言いようのない眺めであると同時に、幼稚園の砂場的な箱庭っぽさも醸し出していた。木々がないために、スケール感が狂ってしまう。壮大なミニチュア。微妙に色合いの違うふたつの水が、しばらくは交じり合わずに並行して流れている。

こうして私は、信じがたいことに、川を下ることによって、深い山の世界に入り込んでいった。

朝になれば太陽の光が透明な空気を貫き、壮絶なぐらいの陰影を伴って谷間を照らすだろう

ラマユルは、インダス大峡谷から、無数にある支流のひとつを遡ったところにある村。月世界と形容される、そこだけ土質の違う黄色い山肌の連なりが尽きるあたり、流れが曲がり、やや幅広くなった渓谷の底に位置している。低地にわずかばかりの住居が密集して建ち、見上げれば、空に張り出した斜面に大きなラマユル・ゴンパがそびえている。

各地のゴンパを観光したあとは、ここで泊まることに最初から決めていた。当初私は、とくに理由もなく、ゴンパの宿坊に泊まるものだと思い込んでいたが、ドライバーに案内されたのは村の民宿だった。

ゴンパの麓、傾斜した地面に、水に抉《えぐ》られたいくつもの溝が走る集落の一画、その宿はまさに土で作った個人の家で、通された部屋の床は傾き、窓はがたついて開かず、ベッドには赤いゴワゴワの毛布が掛かっていた。腰掛けてみると、ベッドの中央が心

なしか陥没している。今夜はVの字で寝ることになるだろう。

簡素なトイレとシャワーがあり、水が出るのを確かめる。お湯は必要なら沸かして持ってくる、と宿の主人は言った。

二食付きで七〇〇ルピー（約一三〇〇円）、今の時間まだ電気は来ていないが、夜になるとちゃんと明かりもつくという。

荷物を置いて居間へ行くと、この家のおばあさんが分厚い絨毯《じゅうたん》の上に座ってマニ車を回していた。

「ああ、よく来たね」

と、しゃがれ声のナレーションが聞こえてきそうなおばあさんだった。ジブリ映画で何度も見たことがある。

私も絨毯に胡坐《あぐら》をかいて座ると、バター茶を出してくれた。

隣の台所（といっても料理するのは床の上）には、ふたり姉妹がいて夕食の準備を始めていた。

民宿といっても、日本のように客と家の者が完全に分けられているのではなく、食事も家族と同じものを同じ部屋で食べる。

宿の主人以外は英語も通じないが、それでも私はなんとなく気を遣って、バター茶を飲みながら、わかったようで全然わからない会話を家族としてみたりした。主人はザンスカールトレッキングのガイドだそうだ。今日か昨日か数日前に、ちょうどザンスカールから戻ってきたらしい。ザンスカールはいいぞ、お前も行かないか。

宿主の妻と思われる夫人が現れて大儀そうに床に座り、自分は病気で足腰が痛いというようなことを身振りで言った。まだ五十にもなっていないはずだが、家事はすべて娘たちに任せているようだ。陽気な主人とは対照的に、何も面白いことなどないという苦い表情で、背中を丸めた。

つまり、普通の家であった。

普通の人生がある普通の家。

住居も服装も食事の中身も日本と違うが、まったく普通。世界中どこへ行っても、そこには普通の家があって普通の暮らしがあるのだということを、旅人にあまねく教えるために、民宿を始めたのではないかと思うほどだ。

ここで生まれ育っていたら、自分の人生はどんな感じだったろうか。おかげで、ついそんなことを考えた。

日本に比べればずっと厳しい暮らしではあるが、きっとなんとかやっていただろう。

これまでにも、アジアの都市や、南の島、ジャングルの村など、旅で訪れた場所でよくそういうことを考えてきたが、たいていの場合、しっくりこなかった。それは仕事があるかどうかとか、生活レベルがどのぐらいかといった、現実的な観点から言うのではなく、皮膚感覚でそう思ったのだ。一方で、理由はわからないけれども、私はなぜかヒマラヤ周辺の山間の村でだけ、ここならしっくり暮らしていただろうと感じる。親戚の家にでも来たような、心の奥が緊張を解いている感触が、なんとなくあるのだった。

今回も、夕食に出されたモモと呼ばれる餃子のような郷土料理を食べていると、もうこのラダックに一か月以上いるような気持ちになった。実際はまだ一週間もたっていないにもかかわらずだ。

夜になると、屋上にあがって星を見上げた。ほとんど明かりのない村だから、空にはたくさんの星が出ていた。

そうして、私が求めていたのはこの感じだ、と思った。

牛馬の薫るこの乾いた土地で、ひとり、小さな家族に混じって、数日風呂に入っていない体の細かい汚れなど気にも留めず、昼間は陽だまりで涼しい風に吹かれ、夜は冷たい空気のなか星を見上げる。そんな時間。

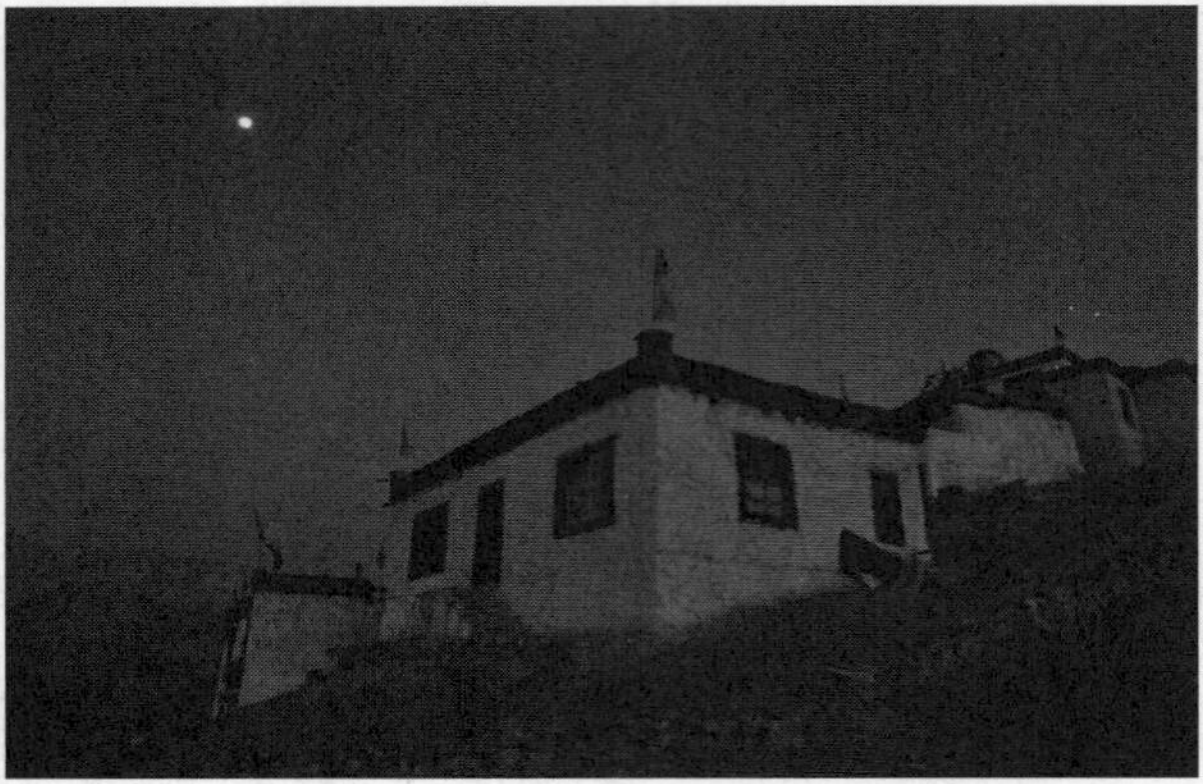

凜とした冷たい空気のなかで、
夜の星を見上げると、たいていのことには納得する。

本当はもっと部屋が清潔で、ベッドでも体がV字にならず、いつでもホットシャワーが浴びられて、食事もバラエティがあったならもっと居心地がいいだろうと思うけれど、私が休暇旅行に求めていたもっとも中心的なものは、この場所と時間のような気がする。

言うなれば、電波が届かない世界。

現実には、ここの家族もｉＰｈｏｎｅを使って誰かと話していたが、象徴的な意味では、電波は届いていないとみなせた。飛び交う大量の電波で、大気がなんとなく白々しく感じられることもない。

朝が楽しみだった。

朝になれば、太陽の光が、透明な空気

を貫き、壮絶なぐらいの陰影を伴って、谷間を照らすだろう。きっと凄い風景になるはずだ。明日は早起きして、それを見に行こう。

そして陽が十分に昇るまで、ただただぼーっと景色を眺めていよう。

旅に、私の人生が飲み込まれることは、きっともうないこと

早朝、日が昇るより先に、ラマユル・ゴンパに登った。

僧院は、金庫のように私を待っていた。

人影はまったくなく、いつ開くのかわからない。

私はゴンパの奥、小さな僧坊が散在する小さな丘に登り、日の出を待った。

そういえば、ラダックに来てからもう五日になるが、最初の夜以外一度も〈ペリー〉に襲われていない。

それは、個人的にはちょっとしたエポックであり、というより劇的なことであった。

いったい何がそうさせたのか、原風景が私の交感神経を鎮めたのだろうか、それとも薄い空気に何か関係があるのか、肉体的にゆったりと過ごしているわけでもないし、ロストバゲージの件などで気持ちのうえでもざわついたりしたから、決して全面的に

リラックスしていたわけではないはずだが、例によって〈ペリー〉の挙動は、当事者である私にもほとんど理解できない。そこに明確な因果関係や法則性を見出すことは不可能だ。

性急に、原風景にはすべてを癒す力があるのだ、などと都合よく解釈したら、すぐにしっぺ返しを食らうだろう。

だから私はそれについて考えないことにした。いずれ日本に帰れば、〈ペリー〉は必ず復活する。このまま治ってしまうことなどないことは、わかっていた。

それより私は、丘の上で日の出を待ちながら、旅そのものの変化について考えた。

思えば、私の旅は、昔よりずっと日常的で凡庸なものになった。

かつては旅の高揚感がもっとあったのである。

そこには別の時間が流れ、身体感覚さえ、どこか変容していたように思う。決して大冒険というのでなくても、旅に出ているときは、全身に力みなぎるようだった。

残念ながら、旅慣れてしまったか、あるいは歳をとったせいなのか、もしくは、情報化社会になって世界が狭く感じられるようになったせいか、きっとそれらの複合だと思うが、とにかく現在、旅は私にとってあまりに日常と地続きで、かつて感じたほどの高揚は感じなくなっている。

自分自身がこのままどこか遠い場所へ行って新しい人生を生きるとは考えにくく、最後は日本の自宅に戻って、すべてはお土産話と化すということ、そのことが、この旅の情感を少なからず奪っているように思う。

もちろん、旅の始まりは今でも心浮き立つし、新奇なものを見てまわれば、好奇心もそそられる。

ただ、かつては感じることができた、この先の人生に何かものすごい展開が待ち受けているのではないか、この先ここに移住してしまうかもしれないし、この地で誰かと結婚するかもしれないし、日本に一生帰らないかもしれないというような、心揺さぶる期待感と、解放感はもう感じられない。

私は、いずれ帰ることが決まっている。

この旅に私の人生が飲み込まれることはない。

もちろん休暇とリラックスを求めてこの旅を始めたのだから、そのことに不満はないけれど、心の底で、かつてはあった予見不能な未来の可能性や選択肢がこの旅に含まれていないことに、寂しさを感じる。

どこどこの風景が見たい、何々を体験したい、ということよりも、何者でもない自分の、宙ぶらりんな状態こそが、旅の核心だった。

それを取り戻すには、人生がリセットされるほどの出来事が必要だが、そんなものを私は望んでいないし、仮に不幸にしてそういう事態に見舞われたとしても、私は新しい人生を旅で開こうとはもうしないだろう。

そうこうしている間にも、空はすっかり白んで、今にも太陽が顔を出しそうになってきた。だが、ちょうど山の陰になってなかなか陽が射してこない。ラマユル・ゴンパの背後の山だけが、頂を火焔のようなオレンジに染めて、まだ夜の時間にあるラマユルの村の暗さと、荘厳なコントラストを見せていた。

私は寒さに耐えてその場で足踏みをしながら、それでも、一方で、こんな景色を眺めるためなら、やはり私は、何度でも旅に出るだろうと思うのだった。

地形という神

レーに戻り、十分に高度順応した後、ツアー会社のランドクルーザーをインド人とシェアして、パンゴン・ツォと呼ばれる湖を見に出かけた。

ガイドブックには、青く美しい湖の写真が載っており、背後にはなだらかでまったく緑のない山がそびえていた。

その写真からは、これから木を描くからもうちょっと待ってくれ、と言っているような所在無さが感じられた。風景がこれで全部とは思えないスカスカ具合。森林限界を越えた世界ならではの、シンプルな風景。

私とインド人の若者三人、そしてドライバーを乗せたランドクルーザーは、インダス川を遡り、インド＝中国国境にあるパンゴン・ツォを目指した。

山と山の間に広がるラダック渓谷は、ところどころに村や林が点在するものの、大部分は、「間」とでも言うしかないものでできており、「間」はひたすら何もないなだらかな斜面であって、まるで横たわる人間の腹部を走っているようだ。

チェックポストを過ぎ、インダス川を離れると、ランドクルーザーは山と山の間に広がる谷間を走り続け、谷間はそのうち行き止まって、山に阻まれた形になった。山には木は生えておらず建物もないから、すぐ目の前にそびえているようにも、はるか遠くにそびえているようにも見えた。

斜面に張りついた細い糸のような道路を登っていくと、見下ろす谷間の村が箱庭のように見えてきた。山は幾重にも折り重なって続き、斜面を回りこんだらその先にも山があった。箱庭はやがて背後に見えなくなり、その頃には、何のためにここに道があるのかわからないほど、何もなかった。

あるのは、ただ剝き出しの地形である。

日本の山々も、もし木が生えてなかったらこんな感じなのだろうか。そうかもしれないし、そうでないのかもしれない。

標高五三六〇メートルのチャン・ラと呼ばれる峠が、われわれの当面の目的地だった。その先、パンゴン・ツォまでさらに一時間以上走るが、その前にチャン・ラ峠だ。そこはこの日われわれが通過する最高地点であり、私の頭のなかには、最も高いその場所はどんな感じか、という好奇心があった。

やがて長い長い登り坂も終わるときがやってきた。そびえたつ雪の壁が見え、その手前に岩のゴロゴロ転がる荒涼としたゴミ捨て場のような場所があって、緑色の看板が立っていた。そこがチャン・ラ峠だった。

公衆便所を見つけ、ランドクルーザーを降りて小便をした。まばらに建物があって、車も数台停まっており、観光客らしい人影も見える。印象としては、ドライブインに近い。見回しても、五三六〇メートルらしさは、ほとんど見当たらなかった。

峠の景色それ自体は、拍子抜けである。

胸のなかに、どこにいても
地形から逃れられないという
妙な気持ちが
高まってくるのを感じた。
その後もパンゴン・ツォに
たどり着くまで、
ずっと地形のなかを旅した。

旅に出れば、人を撮るより
風景を撮りたい。
そう思うとき、
常に敗北感がつきまとう。
だけど、
まあいいんじゃないかな。

地形は支配者である。

峠の反対側は、これまで登ってきたよりも緩《ゆる》い斜面で、見晴らしと呼ぶほどの高度感はなく、そこにあるのはただ、山がいくつも重なった剝き出しの地形だけだった。そこらじゅうが同じような地形だ。

地形と地形と地形。

それだけ。

私は胸のなかに、どこにいても地形から逃れられないという妙な気持ちが高まってくるのを感じた。

その後もパンゴン・ツォにたどり着くまで、ずっと私は地形のなかを旅した。人間がここに道を作らなくても、この風景はずっとこの姿で存在していたのだ。それは想像を超えた事態だ、ものすごいことだという認識が、私を打った。

自分の小ささが怖いようだった。

以前旅行雑誌に、誰かが「自分は、人間の営みを感じさせない風景には、たとえそれがどんなに風光明媚であっても感動しない」と書いていて、そのときはそんなものかなと思ったが、今、私は、それがずいぶんと狭量な思想に感じられる。

たしかに、私は感動していたのではないかもしれない。

しかし、何か大きなものに圧倒されていた。それはつまり、直接的にはダイナミックな地形の連なりであるけれども、同時にそれ以外の目に見えない何かであった。

地形には巨大な意志があって、ほとんど支配者かと思えた。

思えばレーのナムギャル・ツェモ・ゴンパに登ったときも、下ラダックを旅したときも、ずっとそれを感じていた気がする。

地形は王なのであり、もっと言えば神なのだった。

パンゴン・ツォにたどり着くと、そこには写真で見たのと同じ、青く透明で、シンプルすぎるぐらいシンプルな湖面が広がっていた。写真と違うのは、それも神だということだった。

それが八百万《やおよろず》タイプなのか、偉大なる父タイプであるのか、そんなことはわからない。

レーに帰る段になると、神はわれわれのランドクルーザーに乗り込んできた。そうして、わからない言葉で高山病特有の頭痛について嘆き、余分に持っているダイアモックス（高山病の予防薬）を分けてくれようとした。

われわれはいっしょにシートで何時間も揺られ、再び五三六〇メートルのチャン・ラを越えて、そのままレーのゲストハウスまで戻った。

その頃になると、神は具合が悪そうだった。

まるでそこにいるのに、テレビに映っているかのように肌が粗いのだった。裏に回れば、声しか聴こえないのではないかと思われた。

いつもこうなんだ、というように神は肩をすくめてみせた。

その後、私とともにジェットエアウェイズのエコノミークラスでラダックを去り、ニューデリーの空港に到着する頃には、神はとうとう周波数のようなものになっていた。

そして私がおみやげを物色しているときに、トイレに行って来る、と身振りで言ったきり、トイレにたどり着く前にはもう姿が見えなくなった。

Ⅳ　熊本

阿蘇の思い出

何年か前のこと、私は阿蘇山を観光しようと熊本から豊肥《ほうひ》本線に乗った。阿蘇駅で降りてレンタカーを借りるか、バスに乗るか、どちらにするか迷っていた。平日だったこともあって電車はさほど混んでおらず、途中の駅で私の座っていたボックス席のひとつ後ろに若い女の子が乗ってきた。

ひと目で日本人じゃないとわかった。

日本ではない東アジアの国、中国か韓国、あるいは香港、台湾、あるいはひょっとするとシンガポール、マレーシアあたりの可能性もある。大きな眼鏡をかけているから、たぶん香港かな、と私は考えた。

大きな眼鏡＝香港
プロファイリングだ。

ある停車駅で長時間停車し、彼女がプラットホームに出て大丈夫かどうか迷っている機会をとらえて話しかけた。

「どこから来たの？」

「台湾」

熊本の友人宅に泊まり、日帰りで阿蘇観光に来たのだという。

「なら僕と同じだ。レンタカーを借りようと思ってるんだけど、乗っていく？」

警戒されるかと思ったら、ふたつ返事でオッケーだった。きっと彼女も、バスの本数の少なさに乗る前からほとほとうんざりしていたのだ。

われわれはレンタカーに乗って火口を見に行き、それから草千里《くさせんり》へ行った。草千里にはわれわれ以外にふたりの若い男が歩いていた。学生のようだった。

「あれは韓国人ね」

と台湾の女の子が言った。

「そうかな。あれは日本人だよ」

と私は言った。

われわれはそれから火山博物館を見学し、駐車場に出てくると、バス停前に座り込むふたりの若者が見えた。

「どこから来たか聞いてみたら？」

私は車を近づけ、

「バスを待っているのか」

と英語で尋ねた。

「そうだ」

と英語で即答。

英語で即答＋あっさりとした顔つき＝韓国

プロファイリングだ。

そしてこれは当たっていた。

「バスは少ないよ。乗れよ。火口まで運んであげる」

私は彼らを乗せて、ふたたび火口に上がり、そこで彼らを降ろした。

「ユー・アー・グッド」

と台湾の女の子が言った。

たしかに私は親切だった。なぜか外国人旅行者を見ると、世話を焼きたくなるのだ。私が日本を旅行するのは何の苦労もないが、外国人にとってはそうではない。だからつい口を出したくなる。それと同時に、彼らといると、見慣れた日本が違って見えてくるんじゃないかという期待もあるのだった。

今、日本人の私と私が乗せた三人の若者の間では、気安さのレベルが格段に違うはずだ。言葉もろくに話せず、常識や慣習も違う外国ならではのあの緊張感が、私にはなく、彼らにはあるということがうらやましく、同時に不思議なことに思える。

私に同じ緊張がないのは、もちろん私が長く日本に住んでいるからで、この土地、この地形、この風土自体が旅の緊張感を備えていないわけではない。そのことが私には旅の可能性を感じさせた。国内を海外の緊張感で旅をすることができたら、きっと面白いに違いない。そのためにどんな心構えをし、あるいはどんな訓練が必要なのかは、わからないけれど。

台湾の女の子と私は、このあと大観峰《だいかんぼう》へ行ってカルデラを眺め、また阿蘇駅へ戻ってレンタカーを返した。

「じゃあ、これで」

「ありがとう」

彼女は熊本に戻り、私は大分方面へ向かう。

「ユー・アー・グッド」

女の子は別れ際にまた言った。

このとき彼らの目に阿蘇がどう映ったか、実は女の子のことで頭がいっぱいで、私は何も考えられなかったのだ。

日本の大地は、案外日本的でないこと

私は三度目の阿蘇にやってきた。

台湾の女の子とレンタカーを借りて観光したのが二度目で、今回が三度目だ。阿蘇山のカルデラを初めて見たときの驚きは、今でもよく覚えている。こんなにでかい地形は、日本のものじゃないと思った。これほどまでにダイナミックな地形は、もっと国土面積の広い国にあるべきだった。そうでないと、他の日本風な地形の入る余地がなくなってしまう。

日本には、箱庭のように小さくて完結した地形が何万とあり、それこそが日本情緒のある風景だと考えた場合、阿蘇は自然界における黒船のように思えた。それは宇宙からやってきて九州の中央部に着陸し、そのまま居座った円盤の痕跡のようであった。

しかし本当は、箱庭が日本風と考えるのは、間違った思い込みなのかもしれない。日本に巨大な地形があっても、道義的に何ら問題はない。地形的におかしいからよそへ行きなさいとは言えない。国土の広さと地形のでかさには、相関はないのである。世界を見渡してみれば、小さな島国に大渓谷が発達する場合もあれば、山間の小国に、

アラスカには行ったことがないが、おおむねアラスカのようであった。
私はこの外輪山上のアラスカを、路線バスに乗って北へ向かった。

世界屈指の高峰が聳えていることもある。だから阿蘇が日本にあることに何も問題はない。

ちなみに今回、驚いたのは、カルデラだけではなかった。

外輪山に登ってみて、北側に広大な草原地帯が広がっているのを発見したときは、ますます突飛な現実を見せつけられた思いがした。

季節柄、薄黄色に枯れた草原は、波のようにうねり、そのうねりが幾重にも連なってアラスカのようだった。アラスカに行ったことはないが、おおむねそんな感じであった。

私はこの外輪山上のアラスカを、路線バスに乗って北へ向かった。

バスには、カルデラ内にある中学校に通う女子学生と、アラスカ先住民の老婆が数名乗っていた。老婆らはカルデラにある病院からアラスカに帰るところだった。

この広大なアラスカを横断して、どこかに通っている人がいるというのは、実にワイルドなことだ。

なにしろ窓の外は、日常的に行き来するような風景ではないのだ。若者が成人への通過儀礼の際に、はるばる一昼夜かけて通り越えていくような無人の荒野であった。

やがて地平線の彼方に陽が沈み、世界の縁からカリブーの群れがやってきた。闇のなかに浮かび上がるおびただしい数の光の点は、彼らの目だ。目がガードレールに沿って並んでいた。

女子中学生と老婆らの隊列は、さきほどまでアザラシの血で真っ赤に染まっていた顔を、今度はナトリウムランプの光でオレンジ色に輝かせながら、彼らを蹴散らし走っていく。

闇には、広い風が吹いていた。遠く何百キロも先から吹いてきたような風だった。

いったいどこなんだ、ここは。

このときの光景を思い出すたび、私は、日本の大地が、案外日本的ではないことを思い知るのである。

一方、でかすぎる地形は、かえってミニチュアのように見える、という風景の法則により、今回眺めた阿蘇のカルデラは、そのまま家に持って帰って、リビングの棚に飾れそうに思えた。そうすると、それは日本になるのだった。

山を誰かが蹴破った

かつて阿蘇のカルデラは巨大な湖だった。それを健磐龍命《たけいわたつのみこと》がやってきて外輪山を蹴破り、湖水を排出させて水田に変えたと伝説にある。外輪山から熊本市街へと下る国道は、まさにその蹴破った場所を通過する。外輪山がはっきりとそこで裂けているのが誰の目にもわかる。縄文時代の終わりに、湖がそこで決壊したのだ。

その地形は私にラダックを思い出させた。

巨大な湖が自分の頭より上に？

そうして決壊した不安定な土地の上に、今、国道と鉄道が走っている。

蹴破った足はどれほどの足かと想像する。

というより、これを誰かが蹴破ったと想像した人たちを想像する。

外輪山を誰かが足で蹴破ったと想像した人たちは、世界をミニチュアとして見ることができた。もしくは巨人の視点で見ていた。

「地形は、いじくれる」

と縄文人は言った。

「そんな気がする」

杖立《つえたて》温泉へのSF的な到着

杖立温泉に到着したのは、夜。

バスを降りたのが、私以外にたったふたりだけで、彼らがどこかに消えてしまうと、私は人気のない温泉街の路上に、ぽつんと寂しく取り残された。

予約しておいた宿へ向かうため橋を渡っていると、川沿いに並ぶ温泉街のあちらこちらから、白い湯煙が立ち昇り、それがぼんやりとした光の筋となって、工業都市にいるような錯覚に陥った。

そして次の瞬間には、黒々とした山の稜線が、昔話のなかに紛れ込んだような不気味さを醸し出して、私を威圧してきた。

私は橋の途中で立ち止まり、川のせせらぎを聞きながら、無音で立ち昇る湯煙と黒々とした山影を眺めた。

温泉地ではありふれた光景なのだろうけれども、山間の狭い峡谷に幾筋もの白煙が立ち昇る光景は、異形のものに見えた。幻想の枠を取り払い、冷静に現実の目で見てもそうだった。

自分はこんな世界にたったひとりやってきた。

国内も海外も関係ない。すべての場所、すべての土地はもともと自分という存在とは無縁であり、ということはつまり、この世自体が、私の知らない場所であって、私はどこか別の世界、別の惑星から来たのではないかと疑ってみた。

自分には馴染みの風景というものが、本当はないのかもしれない。

もちろん私はわかっている。私はただ日本国内の熊本の地にある温泉街にやってきただけだ。実際には、ごくありふれた旅行であった。

しかし、旅行どころか、東京での日常生活でさえも、あるいはどこか別の場所からやってきて、一時的にそこにいるだけかもしれないという観念が頭にとりつき、私はそれを面白がった。

広大な寂しさが胸に迫る。

その寂しさに惹かれた。

旅が幻想に彩られることは、歓迎である。たとえそこに何の意味も教訓もなくても。むしろ幻想のない旅など退屈だとさえ思う。

実際、私はある種の幻想を求めて、この温泉にやってきたのだ。ここに来た目的のひとつは、なるべく何もしないで過ごしたいというリラックス願望なわけだが、もうひとつは背戸屋《せどや》と呼ばれる迷路状の路地を散策するためだ。

私は、どこへ行っても、ごちゃごちゃと迷路のような場所を探してしまう。台湾の鹿港の街を歩いたときも、マレーシアのイポーで洞窟寺院をさ迷ったときも、同じ気持ちだった。

そこがどの国というより、空間の構造がごちゃごちゃと複雑で摑みきれない込み入った場所ほど、胸が高鳴るのだった。

なので、この夜のSF的な到着は、私にとって迷宮世界への納得のいくプロローグと言えた。

国内も海外も関係ない。すべての場所、すべての土地はもともと自分という存在とは無縁であり、ということはつまり、この世自体が、私の知らない場所であって、私はどこか別の世界、別の惑星から来たのではないかと疑ってみた。

どうにもならない性癖にますます沈殿することによってしか、旅を充実させることはできない

杖立川の両岸斜面にびっしりと軒を並べる温泉街には、背戸屋と呼ばれる入り組んだ裏道がある。軒や壁がくっつきそうなほど狭い背戸屋は、地元の人々の生活道路であり、今現在も使われている道だけれど、そこには昭和の面影が残っている。

私がここ杖立温泉に来たのは、温泉が目当てという以上に、その空間に迷い込んでみたかったせいだ。迷路のような路地裏を一日中さまよっていたい。そんな気分だった。

朝食を済ませて宿を出ると、私はさっそく川から直角に入り込んでいる路地のひとつをたどってみた。

三階建ての宿屋に挟まれた薄暗い路地は、すぐに階段となって右に左に折れ曲がり、途中いくつかの路地に分岐しながら、奥へ奥へと私を導いていく。両側の建物の壁に沿って、温泉や水を引き込むパイプ、そして高い位置には電線が縦横に延び、それら

がまるで血管であり神経でもあるかのように町に生命感を与えている。といっても、それは躍動感のある若い命というよりは、老廃物にまみれて蠢く軟体動物のようだった。

路地はどこも濡れており、エアコンの室外機と、ガスボンベ、電灯、鉢植え、置物、傘、消火栓、さらに鉄の梯子などが、路地の両側にところ狭しと並んでいる。人もすれ違えないような狭い路地、というより家と家の隙間を仕方なく人が通っているとしか思えない通路に足を踏み入れてみると、ひょっとして行き止まりかと思ったその先で、また別の路地に出合う。

コンクリートの塀が苔にまみれ、何の用途があるのかわからない水槽に、軒下を伝ってきたいくつものパイプからちょろちょろと水が注がれている。上の階にいくほど路地にせりだしている木造三階建ての家や、果たして土地の所有権はどうなっているのか理解に苦しむ路地を跨ぐ渡り廊下。路地脇に突然現れる三角形の水槽のなかには、群青色の巨大な鯉が泳いでいた。何か異様なものを見たという感じを受けたのは、このせせこましい路地に見合わない大きさだったからだ。それはまるで水銀の塊のようにも見えた。

階段をさらに上っていくと、真っ赤に濡れた薬師堂が現れた。

苔がまるでかつらのように生長した石灯籠。個人のものらしき手ぬぐいと、歯磨き用みたいなプラスチックコップがぶら下がった手水。八幡さまの小さな祠には、年月を経てすっかり色落ちした千羽鶴が下がり、西洋風のアールのついた手すりが、どう見ても場に調和していないけれど、そのチグハグさにおいて実にしっくりきている赤いベンチが置かれている。無造作にひしゃくが突っ込まれたポリバケツには、雨水が溜まっていた。

統一感のない雑然とちらかった薬師堂に、私は美しさというのではないみずみずしいものを感じた。

赤屋根と苔の緑が、鮮やかだったせいもあるかもしれない。

しかしそれにも増して、小さなものたちの密度が、私の心を満たすのだった。それぞれが調和を目指したわけでもなく、たまたまただそこに置かれた結果として、こういう場が出来たというか、現状そうなっているというか、何のロマンも変哲もない成り立ちながら、この光景には何かいきいきとした存在感が宿っていた。

箱庭なのだ。

意図せぬ箱庭が、ここにある。

そして私には、ついこのような箱庭的世界に惹かれてしまうという癖があるのだった。

あるいはどんな風景にでも勝手に箱庭を見てしまっているだけかもしれないけれど、狭い空間の中に、無限の探検可能性を見出して、うれしくなるのだ。この小さな場所に、数え切れない色と形、風景のフェーズがあることが、豊かな気持ちにさせるのだ。そのような自分の性癖が、何かからの逃避であることは、もちろん自分でよくわかっていた。

箱庭に逃げ込む自分。

背戸屋は川の反対にもあって、そちら側も散策した。

坂の途中に瑠璃堂があり、その下に共同浴場の薬師湯があった。先の薬師堂そばにも共同浴場があったが、時間帯が早いせいか、どちらも開いていなかった。薬師湯の前に鳩の死骸が落ち、猫によって荒らされていた。

坂をさらに上ると、大きなホテルの下の地下道に出た。それを抜けていくと、川に沿って細い生活道が続いている。民家の敷地に侵入しているのではないかと思うような道は、背戸屋とはまた違うのどかさがあって、子ども時代の秘密基地へ向かう抜け道のようだった。

こうしていくつもの多様な小道を散策していると、胸の中に、この杖立温泉の迷路を記録したい、地図にしてみたいという欲求が湧いてくる。できるだけ克明、なおかつコンパクトに、手の中におさまる形にして持っておきたい。

思えば、私の旅は、これまでも、なんだかそのような感じだった。私が旅を書くのは、その旅をパッケージにして目に見える形で所有するためだったような気がする。

日本の日常から外国の日常へと身を移し、日本の日常を相対化する、あるいは、異なる環境で生きる多くの人と知り合い、話をし、その価値観を知り、自分にひきつけて考える、それが旅の正攻法であるなら、私の旅はまったく逆で、自分にとって心地よいパッケージを次々と生み出すためにあったと言えるかもしれない。

世に役立つ旅、新しい知見をもたらす旅。

そんな立派な旅は私にはもともと向いてなかったのだ。

だが、そのことで自己嫌悪に陥るほど、私はもう若くない。

私はこのどうにもならない性癖にますます沈殿することによってしか、旅を充実させることはできない。

結局それが自分の旅なのだ。

岩壁と住宅の隙間にできた勝手口のような通路をくぐりぬけながら、そう考えた。

鯉の女

その女には、この界隈で最も細いのではないかと思う路地で出会った。

路地の長い暗がりのむこう側から、こちらへ歩いてくる女の姿を認めたとき、私はそれに気づかないふりをして、同じ路地に進入した。家と家の間の隙間は、ひとりで通るのが精一杯の幅しかなく、ところどころ窓格子の出張った箇所では、横を向かないと通れないほどだ。

女は顔をあげていたから、私の進入に気づいたはずだが、とくに怯む様子もなく、まっすぐ歩いてきた。それが下心を見透かされている証拠に思えて、私はすぐに後悔し、立ち止まって体を壁に添わせ、女が通り抜けやすいようにした。

臆病者になった私とは逆に、女は勇者のようにこっちへ向かってきた。

それでも体をまったく触れ合わすことなく、すれ違うことはできないだろう。

私は半ば恐れ、半ば期待もしながら待った。

そして女がすぐそばまで来たとき、私は女の体が、鯉であることに気がついた。

女は鯉の皮膚でぴっちりと全身を包み、胸から腰の線を浮き立たせていた。それは女である以上に艶かしく見えた。

すれ違いざま、私はぬらりと濡れた感触が、腕に押し付けられるのを感じた。

そして何かが、ピシャリと私の頬を打った。

かすかに水飛沫《しぶき》があがったようだった。

女はそのまま通り過ぎ、私は壁にじっと張り付いたままそれを見送った。

路地の暗がりを出て、明るい通りに出た瞬間、女の姿がはっきりと見えた。

それは割烹着を着た女将で、こちらを振り返ることもなく、通りを曲がってすぐに見えなくなった。

漫画家のつげ義春が、「蒸発旅日記」という紀行のなかでこの杖立温泉を訪れている。九州の小倉に住む自分の女性ファンと結婚しようとして、東京からやってくるのだが、一面識もないその女性と会ったあと、一週間後にまた来てくれと言われ、その待ち時間に別府から湯布院、湯平、杖立と旅をする。そうして彼は、湯平でストリップを見物し、さらに杖立でもストリップ小屋に入って、踊り子を口説き、そのまますっしょに泊まってしまう。

果たしてどこまでが真実なのかフィクションなのか、作家の書くことだからなんとも判断できかねるけれど、杖立温泉には、そのような性への欲望を喚起させる雰囲気が、今も残っていた。性産業の痕跡は見なかったものの、この温泉街にはもともとそういう気配がある。もし、数ある温泉街のなかでも、杖立がとりわけその力を持っているとすれば、それはこの迷路がそうさせるのだと私は考えたい。「蒸発旅日記」の文中には、背戸屋への言及はないけれど、彼は翌年もこの地を訪れ写真を撮っているから、やはり何かしら惹かれるものがこの地にはあったにちがいない。

私の足は今風呂に入っている

宿の温泉に浸かっている間、足の痛みが軽減された。

温泉の効能書きには、ぜんそくに効く、ガンに効果があるなど、泉質によってさまざまな適応症が表記されているが、どこであれきまって書かれている疾患がひとつあって、それが神経痛である。

私の〈ペリー〉は、たぶんそれに類するものだろうから、心強いといえば心強いけれども、どこにでも書いてあるということは、つまり、温かいお湯に浸かればリラックスするから神経にもいいだろ、という当たり前のことを書いているに過ぎない。自宅の風呂でも痛みは軽くなるので、温泉の効能なのかどうかは微妙なところだ。

それでも、今こうして温泉に浸かっていて痛みが軽くなっているのは現実であり、何であれ軽くなるならばそれはそれでありがたい。

私の場合、リラックスすることで痛みが減るというだけでなく、もともとが皮膚の表面が焼けるような痛みなので、熱い湯に入ると全身が同じ状態になって紛らわしくなり、痛みが埋もれるのだった。したがって熱ければ熱い風呂ほど痛みが紛れやすく、四六℃ぐらいになると、熱さが痛みを上回ってしまう。であるならば、常に熱い風呂に入っていれば痛みはなくなったも同然であり、もっと言えば、痛むときは、足だけ熱い風呂に入っていると見なせばいいという理屈が成り立つ。

痛んだときにこう考えるのだ。

私の足は今風呂に入っている、と。

詭弁だけれども、詭弁であっても心の負担が軽減されるなら、それに越したことはない。

痛みというのは、どこまで絶対的なものなのだろうか。

たとえばどこか痛んでいるときに大怪我をすると、強さが優る新しい痛みが優先されて、もともとあった痛みは束の間忘れられるということがある。神経がより強い痛みだけに集中し、弱いほうの痛みは知覚から消えるのである。

この消えた状態を、より強い痛みがなくなった後も継続することはできないのだろうか。

痛みは体の発する危険信号だとするなら、もう信号を受信したあとは痛む必要がないのではないか。火災報知器だって、いつまでも鳴ってたらうるさいのである。もう担当者は駆けつけて、関係各所への連絡も済んだのだから、警報は止めてもいいのではないか。痛み警報はなぜ止まらないのか。

痛みが続くことによって、気持ちが落ち込み、やがては痛みに対処しようという生存本能、抵抗力にも悪影響が出たりする人体の矛盾。

だいたい怪我や病気の痛みは、傷や病変そのものではない。傷や病変は容易に治せなくても、痛みは信号なのだから、適当なところで止めたらいいじゃないか。

誰に文句言ってるのか自分でもわからないが、錯覚や思い込みを利用して楽に痛みを消すことができればいいのにと思う。

たとえば、私は痛くないと念じるというか、そうと決めるのはどうか。

私は痛くない。今痛いのは、痛いと勝手に思い込んでいるだけだ。

私の足は今風呂に入っているのだと考える。

馬鹿げているのは承知の上で、この作戦をしばらく実行してみよう。温泉に浸かりながら、そんな決心をしたのだった。

夏目漱石もきっと迷路が好きだったこと

迷路と温泉で気力を充填した杖立を発ち、バスで熊本市街までやってきた私は、せっかく九州まで来たのだから、もう少しどこか観光して帰りたいと考えた。

それで小天《おあま》温泉に行ってみることにした。

熊本からバスで小一時間、金峰山を回りこんだところに、小天温泉がある。

ここは夏目漱石の小説「草枕」の舞台となったところで、現在は旅館一軒と日帰り温泉施設が営業中だ。小説内の宿「那古井《なこい》」のモデルになった前田家別邸はすでにないが、当時の浴室などが一部復元されて、見学できるようになっている。それを見に行こうと思う。

私は漱石の作品のなかでもとりわけ「草枕」が好きだ。

なぜなら、そこに桃源郷が描かれているからである。

主人公の青年画家は、俗世間を離れた山里の温泉宿「那古井」で、那美さんという謎めいた美女と出会う。そしてこの宿を舞台に、主人公と那美さんの、官能的とも言える魂のふれあいが描かれるわけだが、温泉と美女という設定だけでもう十分に桃源郷だ。

さらにそれがまるで水墨画の絵の中での出来事のようで、小説全体に浮世離れが一貫している。政治的なものは徹頭徹尾出てこない。ひたすら主人公の自我があるばかりなのだ。

つまり「草枕」は、端《はな》から桃源郷を描こうと意図した小説と見なすことができる。私は前々からいつか熊本を訪れることがあったら、その桃源郷に自分も紛れ込んでみたいと思っていた。たとえ美女との出会いがなくても、どんな場所かだけでも見てみたい。

熊本駅前から玉名行きバスに乗って有明海沿いを北上し、小一時間ほど走って小天温泉で途中下車した。

降り立ったところは、ビニールハウスなどが立つ何の変哲もない田舎の路上であった。左手にはさほど遠くない距離に海、右手は低い丘が続いている。いかにも郊外の農耕地といった雰囲気で、建物はまばら。空は広々として、想像していた山里の風景とはずいぶん違う。もっと森に囲まれた狭い谷間のような場所だと思っていた。すぐそばに那古井館という旅館があってそれかと思ったが、これは「草枕」にちなんで後から建てられたものだそうで、モデルになった宿ではない。モデルのほうは、少し歩いた丘の麓にあるようだ。

コンビニで尋ねてもどこにあるかはっきりせず、勝手に歩いて探す。

それにしてもあまりに凡庸なロケーション。桃源郷らしさはどこにもない。

やがて見つけた前田家別邸は、これまたとりたてて特徴のない瓦屋根の建物で、もし看板がなければ、間違いなく民家と勘違いしただろう。

今は、復元された大きな浴室の建物と、その背後、階段を昇った先に小さな離れが残っているだけで、受付のようなものもなく、観光客はおろか人っ子ひとりいなかった。

入場料もとらないので、勝手に見学した。浴室を覗くと石造りの広い浴槽が見えた。浴槽は半地下に深く掘り下げられ、まるで何かの発掘現場を保存したかのようである。

案内板があって、この建物の本来の間取りが描かれてあった。

それによると、浴室の裏には本館があって、そこから階段を昇れば離れの建物と繋がっていたらしい。それとは別に浴室から横方向に延びる渡り廊下もあり、それが母屋に繋がって、その母屋の二階からも離れへの廊下がある。建物が斜面に建っているために、母屋の二階が奥の離れ（一階建て）と同じ高さになるのである。

そしてこの母屋と、渡り廊下と、浴室ならびに本館、そして離れが、全体で四辺形をなして、その中央が中庭となっている。間取り図にすれば、さほど複雑な構造ではないものの、実際に中を歩いてみれば、ややこしかったに違いない。

漱石が泊まったのは離れだったが、「草枕」の主人公に〈何だか廻廊の様な所をしきりに引き廻されて、仕舞に六畳程の小さな座敷へ入れられた〉（新潮文庫『草枕』より 以下同）と語らせている。

そのほかにも〈廊下の様な、梯子段の様な所をぐるぐる廻らされた〉〈同じ廊下とも階段ともつかぬ所を、何度も降りて、湯壺へ連れて行かれた〉などの表現が続き、翌朝にはひととおり宿の描写をしたあとに〈昨夕は梯子段を無暗に上ったり、下ったり、異な仕掛の家と思った〉などと、この宿の迷路っぷりを執拗に書きつける漱石は、よほどこの間取りが面白かったと見える。

そしてそんな迷路の宿で、深夜、主人公が湯船に浸かっていると、男湯に誰もいないと勘違いした那美さんがうっかり入ってくるのである。

まさしく迷路とエロスが直接的に結び付けられたベタな展開は、私の思い描く桃源郷とぴったり同じものだ。

迷路という視点で夏目漱石を読破したことはないから断定はできないが、漱石はこの迷路的な温泉に惹かれるものがあったようで、未完の遺作「明暗」でも、主人公を似たような状況に置いている。

「明暗」のほうの温泉宿は、

〈意外な廊下を曲がったり、思いも寄らない梯子段を降りたりして、目的の湯壺を眼

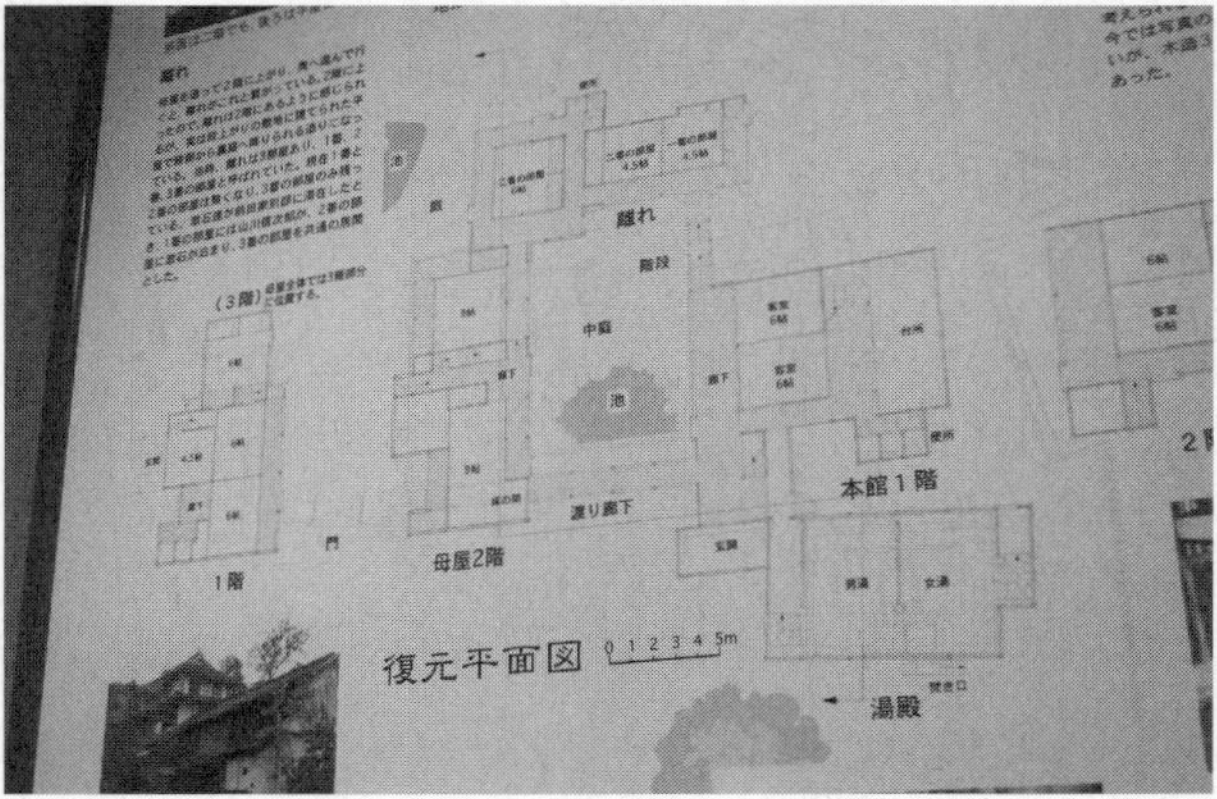

離れ
階段
中庭
池
渡り廊下
(3階)
1階
門
母屋2階
本館1階
復元平面図
0 1 2 3 4 5m
湯殿

の前に見出した彼は、実際一人で自分の座敷へ帰れるだろうかと疑った〉（新潮文庫『明暗』より　以下同）

と書かれたのち、さらに、

〈「まだ下にもお風呂場が御座いますから、もし其方《そちら》の方がお気にいるようでしたら、どうぞ」

来るときもう梯子段を一つか二つ下りている津田には、この浴槽の階下がまだあろうとは思えなかった。

「一体何階なのかね、この家は」〉

と、そのさらなる迷路っぷりを強調している。

漱石はきっと、迷路のような温泉宿が大好きだったに違いない。

残念ながら、浴室と離れしか残っていない現在の前田家別邸では、それほどの迷路感を味わうことはできないが、漱石がまさにこの、山里でもなんでもない場所を、まるで水墨画の中の幽玄の世界であるかのように幻視したのだと思うと、感慨深いものがあった。

最期まで神経症に苦しんだ漱石と、私の足の痛みに共通点はあるのかないのかわからないというか、まずないと思うけれども、迷路的な温泉を希求する気持ちには、強い共感を覚えずにはいられなかった。

物語の舞台を訪れたとき、われわれがそこで見るのは、きまって想像していたのとは似つかない風景である

前田家別邸から丘をあがると、そこに草枕交流館という施設があって、漱石の「草枕」にちなむ資料などが展示されていた。

私はここで、日本画家たちが草枕を題材に描いた「草枕絵巻」を見た。そしてそのなかの一枚、山口蓬春「那古井の温泉場」に魅せられた。

それはまさしくこの土地を描いたものだった。だがこの土地を描いたものでありながら、現実とはまるで別の世界がそこには表現されていた。

つまりは桃源郷である。

幽谷の地にたたずむ温泉宿。温泉棟の奥に長い階段が見えるのは、傾斜地に建っていた前田家別邸に間違いないが、母屋は描かれず、温泉棟もさっき見てきた復元された建物よりもずっと田舎臭くて、なにより周囲の趣きが実に山水画である。

この絵は画家が小説「草枕」から受けたイメージを描いたものであり、それはそういう絵だから、とくに文句をつけることはない。

私はむしろ晴れ晴れした気持ちがした。旅自体がそもそもそういうものだと思ったからだ。

物語の舞台を訪れたとき、われわれがそこで見るのは、きまって想像していたのとは似つかない風景だ。物語の舞台でなくても、たとえば古き良き日本だの、エキゾチックなアジアにしても、現地に来てみればとにかくすべては想像以下であり、非情なほど現実的な風景がそこにある。

何らかのイメージを求めていく旅は、たいてい残念な結果に終わる。そういうものだ。

だからわれわれの旅心の底には、そんな残念が積み重なって、今ではすっかり最初から期待しなくなっている。

昔、この地で夏目漱石が……、といって復元された浴室を見て何かを思うとき、われわれは最大限の想像力を発揮して、その世界に没入を試みるのだけれども、あたりの風景はいたって冷静で、隣には誰かのカローラが停まっているし、敷地の脇には青いポリバケツも見えるし、近くにはコンビニがある。

それでもカローラとポリバケツとコンビニに逆らって、われわれの脳はぐいぐいと夏目漱石に肉薄しようと努力を続けるのであるが、どっぷりと漱石側に浸かり切るのは至難の業で、ふとした一瞬の隙をついてカローラが戻ってくる。

いや、束の間の幻想を味わったうえで現実に引き戻されたのならまだましなほうで、最初から漱石側に移行できないことのほうがずっと多い。

われわれはさも何か感じたかのように、ふんふんと頷いてみたりもするが、実際は現実を一歩も出ておらず、漱石側の感触は、知識として仕入れたに過ぎないのである。

仮に、この場にカローラもポリバケツもコンビニもなく、「草枕絵巻」そのままの風景を目の当たりにできたとしたらどうだろう。

残念ながら、その場合でも、そこにはそういう風景があるだけで、依然自分の意識は現実から逃れられないと思われる。

物語のなかに感じられる空気感が、現実にはないからである。

旅はいつだってそんなふうだ。

そうして、であればこそ、どんな旅もそこから始めなければならないと、私は最近思うようになった。

中途半端な現実の持つ豊かな味わい

日本庭園の背後にそびえるマンション、聞こえてくる車の騒音。物語への旅はいつだって裏切られる。古き良き日本はいったいどこにあるのか。

そうした失望を何度も味わわされると、そのうちわれわれは旅に期待しなくなる。旅そのものをしなくなっていくかもしれない。

期待の質に達していない風景、完全なる古き良き日本を再現できていない風景、そんな風景に失望し、目を背けることは容易だけれど、私には、時々、そのような風景こそが面白く感じられるときがある。

体現すべきものを徹底できなかった風景、中途半端な風景のなかに、だからこそ心に引っかかる何かが見つかる。

その何かを、これこれのものと指し示すことはできない。

それは特定の物ではない。その風景全体、完全に物語を再現できなかった風景の持つ空気のなかにある味わいのようなものである。

古さと新しさ、新奇さと凡庸さが入り混じった不完全な風景そのものが、わずかながら印象を反転させて、好ましいものに感じられる。中途半端な現実の持つ豊かな味わいについて、私はそれを書こう書こうと常に意識してきた。

そして、一度たりとも書けたためしがない。

素晴らしく誇らしげな巨大木造建築が残念だったこと

熊本の旅は続く。

小天温泉のあとは、再び電車に乗って、水俣の湯《ゆ》の児《こ》温泉を訪れた。あまり人気があるようには見えないリゾートだったが、海辺に建ち並ぶ温泉ホテルのなかに、S旅館という木造五階建ての歴史ある旅館があり、何かの写真で見たときにその威容に驚いたので、来てみたのである。

その宿には洞窟温泉もあるとのことで、風呂が迷路になっているのではないかという期待もあった。迷路のような風呂には入っておくべきだった。

水俣駅からのバスを降りて私は驚いた。

正確には、降りる前から車窓で見て驚いていたのだが、細かいことはいい。

海沿いに、海岸がなかった。

海に沿ってホテルが並んでいるのだが、それらホテルの前に海岸がなかった。かわりに、砂浜でも磯でもなく、それどころか通常イメージする防波堤でもない、なにやらイベント広場のような、プラットホームのような空間が広がっていた。港に似ていたが、船を係留しておくような設備はなかった。

ただの防波堤では味気ないから広場にしようと思ったのかもしれない。あるいは高波を避けるために、そのぐらいの幅が必要だったのかもしれない。

それにしてもあまりに海が遠かった。

そしてそんなイベント広場の奥、かつては海岸線に建っていたのだろうS旅館が、崖に沿うようにして建っている。

写真で見た誇らしげな威容を持つ巨大木造建築は、両側を平凡なホテルに挟まれる形でそこにあった。他のホテルが建ってしまったのではなく、それらは同じS旅館の建物で、古い木造部分をまるで両側から支えるように連結されていた。

もし誰かが、写真で見た素晴らしい感じの建物を期待してやってきて、この光景を目の当たりにしたら、人生でも屈指の裏切りに遭ったと思うだろう。

竜宮城には似ても似つかない
残念な場所に辿りついて、
興醒めていく心のなかで、
旅の高揚感が逆説的に発動する。
ということがなくもない。

妙に心に残る風景の断片がある。
なぜそれが心に残るのか、思い当たる理由は何もないのだった。

日本三大がっかり観光地なんていって、期待を下回りすぎる場所が各地で話題にされるが、S旅館のがっかりに比べればかわいいものだった。がっかりの底が抜けて地球を突きぬけ、反対側から夜空に昇って星になりそうなほどだった。

S旅館の木造建築は、なかったことにするにはあまりに威厳がありすぎて、まるで巨大ロボットにも思えた。三十年ぐらいすると脚が生えて立ち上がり、両側のホテルを腕としてぶんぶん振り回す姿が目に浮かぶようだ。

イベント広場のような海べりを少し歩くと島があり、遊歩道が通じていた。

その付近には、明るい洋風のレストラ

ンなどもあって、温泉リゾートとしてなんとか盛りたてていこうという意志が感じられたが、全体としての方向性は、はっきりしない印象であった。

今後、この温泉地が、起死回生の大ヒットを飛ばす可能性はゼロとは言わないが、ここしばらくは難しいように思われた。

たった一日泊まりにきただけの観光客が偉そうに語るのも失礼な話だろうが、私は逆に、この残念な風景にこそ可能性はないのかと考えてみたい。がっかり観光地として売り出せというのではない。そうではなくて、この残念そのものに豊かな味わいが感じられないだろうか。

なんという豪勢な残念。

言葉遊びではなく、B級スポットと笑うのでもなく、そこに他では決して味わえないタイプのかすかな情感を感じ取ることはできないだろうか。

成就できなかった物語の、脱臼した物語の、生きていくことの仕方なさを諦念とともにかみしめる、ノスタルジーにも似た、なんだかそんなような断片を、取り出すことはできないだろうか。

もちろん私にそれが出来たと言いたいわけではなく、私もここに来て正直、残念だった。

ただそれでも時々、それなりの高揚を感じることがないわけでもないのだ。残念な風景のなかに滲む、それなりの旅の高揚。果たしてこの高揚は何かに通じているのか、それとも行き止まりなのか。今の私には判断できない。

〈想像のものは現実のものに衝突すると失墜するのか、それとも強化されるのか、現実のものそれ自体にすぐれた味わいと喜びがあることは果たしてないのか〉

ヴィクトル・セガレン　木下誠訳『エグゾティスムに関する試論／羈旅《きりょ》』
（現代企画室刊）より

私は他人と違う旅をしなかった

帰りの飛行機に乗り込もうとしたとき、〈他人と違う旅〉を見つけた。〈他人と違う旅〉は、小さなオレンジ色のデイパックを背負って、搭乗口から乗り込むところだった。後頭部に寝癖がついていた。

私はちょうどそのとき、飛行機の恐怖と戦いながら、乗る直前に新聞を取り忘れないよう集中していたから、表情までは見なかった。

たくさんの乗客の背中が、筒の奥に向かって行進し、菓子箱に詰めるようにそれぞれの位置に収納されていくなか、〈他人と違う旅〉のオレンジ色のデイパックは、まるで道路標識のように特権的に輝きながら、私の席よりずっと後ろの窓際あたりに陣取った。

飛行機への恐怖に落ち着きを失くしながらシートベルトを締めると、私は座席の前のポケットにある機内誌をめくり、何ひとつ記事を読むことなく、さらに数ページめくってから、ポケットに戻した。それから文庫本を取り出して、冒頭の一行を読み、それも座席の前のポケットにしまった。そうして〈他人と違う旅〉は飛行機に乗るのは平気なのだろうかと考えた。

とにかく飛行機に乗っている今、冷静にものを考えることはできないが、私はこのたびの、あきらめと未熟さに満ちたアジアでの休暇旅行のそれぞれを思い出し、自分は何ひとつ他人にできないことはしなかったと思い、その上首尾に、わずかにほくそ笑んだ。

わざわざ語るべき希少なものがない旅、休暇旅行。

すべての装飾をそぎ落としたような最大公約数的な旅をして、それでも残る旅そのもの味わいを取り出してみようと、私はひそかに誓いをたてていた。狙い通りの成果があったかどうかはわからないが、成功であれ失敗であれ、やってみたことに意味があると信じたい。

私は他人と違う旅をしなかった。

それでも、どんな旅にも良き味わいはあるものだ。

この、ありきたりで中途半端な旅の中に潜む、滋味豊かな、豪勢とさえ言える潜在力に、私は注目したい。

旅は、どんな現実主義者をも、わずかに夢見心地にさせる

現在、旅は、あらゆる局面で再考を促されているかに見える。

テレビやYouTubeで見たことのない辺境など、もう地球上のどこにもないかのようだ。

そして人間の住むところ、どんな場所にも生活はあり、生活のあるところ、どんな場所も本人にとって桃源郷ではないとするなら、桃源郷はよそ者が夢見心地で語る、楽観的な錯覚に過ぎないということになりそうである。

そのとき、無理矢理にでもこう考えることは出来ないものだろうか。桃源郷が錯覚であるのと同じように、現実もまた錯覚のひとつではないかと。当事者にとって痛みさえ伴う現実が、他者からは桃源郷に見えるとするなら、当事者である自分自身を他者の目で眺めることによって、現実を桃源郷的に変えることはできないものか。

ファンタジー映画に出てくる恐ろしい魔の山、しかしそれが背後に控えているからこそファンタジーの里は桃源郷であり続けることができる。ならば現実の中の痛みを桃源郷にそびえ立つスリリングな断崖のようなものとして、眺めることはできないのか。

あるいは退屈で凡庸な現実が、他者からはエキゾチックな風景に思えるとするなら、錯覚しているのはどちらなのか。日常の中に住まうわれわれのほうこそが、慣れ親しみすぎて本来の味を感じられなくなっているとは言えないのか。

飛行機で強大なストレスを感じたせいか、空港から自宅方面へ帰るバスのなかで、私は激しい強さの〈ペリー〉に襲われた。

痛み止めはまったく効かないから、狭い座席で靴を脱いで、足を膝下から蹴るような動きで、ピンピン伸ばし、痛みを振り落とそうとする。睡眠が最も有効だが、すでに現れてしまったら、その痛みで眠れなくなるので、その方法は使えない。次なる処方箋は、熱い湯に浸かること。

ああ、早く家に帰って、どっぷり風呂に入りたい。

いや、そうじゃなかった、すでに、風呂に入っている、と考えるのだ。無理矢理にでも。

「私の足は今風呂に入っている」

思えば、旅行中、痛みはもちろん繰り返しやってきたけれど、明らかに、自宅で日常的な生活を送っているときよりも、痛みは軽く、知覚される頻度も少なかった。ストレスが少なかったせいだとは思わない。

旅行中には旅行中なりのストレスがある。しかし、それは普段とは何か別の種類のものらしく、現実を少し浮き上がらせるような形で神経に作用し、どんな現実主義者をも、わずかに夢見心地にさせる。

旅行中のわれわれは絶えず現実に裏切られ、〈思ったほどエキゾチックじゃない〉の波に飲み込まれそうになるが、そのような、旅を日常と大差ないものに引きずり下ろそうとする圧力はあっても、一〇〇パーセント日常と同じ感覚でいることはできない。

やはり旅行中ならではの何かがある。

そしてその何かによって、痛みはわずかながら忘れられるのだ。

だとするなら、旅が終わっても、引き続き同じ夢を見続けることはできないのだろうか。

どこか馴染みのない場所に出かけて、そこにポツンといるだけでいいこと

旅するように、日常を暮らす。

と言ってみるのは簡単だ。

普段何気なく目にしているものに、あらためて目を向け、そこに今まで気づかなかった小さな不思議を見つける。

隣の家の花壇に咲いた、今まで見たこともない花。いやそれどころか、何度も見た

ことのある花の花びらの奥のおしべの形。そこに神秘が隠れているという物言いは、たしかに可能だ。

われわれは自宅の窓から見える山の景色に地球の歴史を感じることもできるし、マンホールの蓋の模様に地域ごとの違いを見つけ、コレクションの喜びを発動させることもできるし、雑踏の中にバンコクの匂いをふと嗅ぎとることもある。けれど、そのような日常の中の旅を持続させ、非日常であり続けるには強い意志の力だけでは不十分に思える。現実は、すぐに〈何でもなく〉なってしまう。

そのうえ、仮にそれで現実の退屈さを乗り越えることはできても、物理的な痛みまでも乗り越えることができるかどうかは疑問がある。物理的な痛みは意志の力を殺ぎ、そのことによって、また現実が自分に戻ってくるからである。

読んだことはないが、先人の中には室内の旅行記を書いた者が少なからずあったようだ。究極的に身近な日常空間の中でも旅ができることを示したかったのだろう。そこでは窓枠や本棚やドアノブを契機に、自らの内なる世界へと旅をする方法が書かれていると思われる（読んでないから知らないが）。

それは知的な遊戯としては面白そうだけれど、正直なところ、足が痛いときにそんなことをするならば、むしろ逆効果なんじゃないかと思う。

ごく単純な意味で、内に籠《こ》もるのは神経によくない。むしろ無理矢理にでも外に出たほうがいい。

知らない町へ出かけたほうが、ずっと面白いし、痛みにも実際に効く。

若い頃の私は、他人と違う旅をしているかどうかという呪いに強くとらわれていた。

また同じ轍を踏まないよう気をつけなければならない。特別な経験をしているかどうか、誰にもまねできない自分だけの旅をしているかどうかなどと思い悩んでいたら、最終的に、体が十分に動くにもかかわらず室内旅行をしようなどという倒錯した発想にたどりついてしまうかもしれない。

そんなやせ我慢をしなくても、どこか馴染みのない場所に出かけて、そこにポツンといるだけでいい。

旅行中の、もしくは馴染みのない場所にいるときの、少しだけ現実から浮き上がった感じ。かすかな高揚。

夢見心地と言われようとも、自分がかすかにでも浮き上がっていることが重要だ。おそらく、われわれが現実と思っている日常は、自意識のせいで現実の絶対値よりもわずかに陰に籠もった側に偏っている。現実の絶対値は、われわれが現実と思っている感じよりもあっけらかんとしていて、意外性や異様さが含まれており、理路整然としておらず、わずかに幻想寄りである。つまり現実はわれわれが認識しているよりもファンタジーなのであり、多少夢見心地なぐらいのほうが、現実に覚醒していると言ってもいいのではあるまいか。

馴染みのない場所に立って、五感をフル稼働させているとき、われわれは少しだけわれわれの親しんだ現実から浮き上がっているように感じ、そして、それこそがむしろ現実であり、そのバランスの中にいるとき、現実に存在する痛みはほんの少し和らぐものらしい。私は身をもってそれを経験した。

空港からのバスは、やがて自宅近くの駅に到着した。

そこにはよく知った駅ビルが、目に映らないほど〈何でもなく〉建っており、つまらない日常に戻ってきたことを私に告げていた。

私はこれから家に帰って風呂に入ることになるだろうが、ひと心地ついたら、すぐにまたどこかに出かける計画を立てることにしよう。そんなに遠い場所でなくても、もちろん外国でなくたって、馴染みのない場所であればそれでいい。

結局、何であれ、実際に旅することが第一なのだ。

おわりに

旅についての本を書いてみたいと、前々から考えていた。旅の本はいくらもあるけれど、旅についての本、つまり、旅先ではなく、旅そのものについて書かれた本は、あまりないように思う。

旅の中にいるときの日常とは異なる感覚、興奮と不安とときに倦怠が同居し、意識がいつもと違う位相で覚醒しているような旅の時間。私はどうもあの非日常感に惹かれて旅を続けているように思うのだ。だから、それをそのまま描写してみたかった。

その場合、旅先がどこであるかはあまり重要な問題ではなくなって、つまりどこでもいいから楽しそうな場所に行こうと、行先はわりと適当に決めた。アジアにしぼったのは、飛行時間が短くて済むという、ほぼそれだけの理由である。

なのでこの本は、旅先の国や地域の文化についてほとんど触れられることのない旅行記になっており、かといって自分探しのような切実な内容とも違い、旅の感触にまつわる話がメインになっている。休暇を楽しむこと以外に一貫した目的もなく、結果として、紀行文を読みたい読者の期待に応えていない気がするが、自分としてはこういう実験をやってみたかったのだ。

私がいつも旅に期待しているのは、まさにここに書かれたような事柄なので、私の旅は思索的深みの足りない観光旅行に過ぎないわけだけれども、それについては、旅行者としても、書き手としても、一切恥じていない。

むしろ観光旅行の持つ豪勢な味わいを、味わい尽くしたいぐらいに思っている。そしてその味わいについて書きたい。

これまでもある程度はそのように書いてきた。ただ今回はさらに開き直って、全部それでいくことにした。私なりのこの実験を読者も楽しんでくれればうれしい。とはいえ、こんなことばかり考えて旅している人は少ないのかもしれない。

本文中の《ペリー》には、今も相変わらず悩まされている。と同時に、人生の一部にもなってしまっていて、痛みのないときはあまり気にしていない。原因も、わかっているようなわかっていないようなあいまいな感じで、それが私の体ならしょうがない。

　はじめは、もっともっと痛みに苦しめられる旅になるかと覚悟していた。連載時のタイトルが「アジア沈殿旅日記」となっているのは、その覚悟を表したものだったのだが、結果的にさほど苦しむこともなく、沈殿感はあまり感じられない内容になったので、メインタイトルを別にした。

　マレーシアで訪れた大仏の格納されたビルは、友人である小嶋独観氏のウェブサイト「珍寺大道場」http://chindera.com/malay2-Tibetian Temple.html より情報を得た。小嶋氏の得体の知れないものへの熱い情熱は、このサイトを圧倒的に奇奇怪怪なものにしている。私はこのサイトを見るたびに旅への憧憬がかきたてられるのだが、とにかく氏のどこから仕入れてくるのかわからない珍スポット情報により、私のマレーシア滞在が充実したものになったことを感謝したい。

　そして、こんないったいどんなものになるのか想像困難な連載を受け入れてくれ、単行本にまでしてくれた筑摩書房編集部の鎌田さんにもお礼を言いたい。ありがとうございました。

宮田珠己

文庫版あとがき

今思うと妙な本を書いたものである。

なんだ、これは。

と自分でも思う。

この本は、これまでユーモア旅行記を中心に書いてきた自分のなかでは、違うスタイルを試してみた異色作という位置づけで、新しい書き方を模索しながら書いたのだった。

他の人が誰も書かないようなものを書きたいという思いでスタートした覚えがあるが、だからといって奇をてらうと失敗するのは目に見えているので、逆にどんどん自分のなかに沈降して、いつも感じているのに言葉にしてこなかった雑念を、無理やり掘り起こして書き記していったのだった。

同時に、笑いばかり目指すのではなく、自分なりに切実な思いを書いたという点では、もっとも正直な作品になっている気がする。

作品としての良し悪しの判断は読者にゆだねるしかないけれど、自分では書き上げた際に、そうそう、こういうこともちゃんと書いておきたかったんだと自分でうんうん頷いたものだ。

そんなわけで、思い出深い作品のひとつであり、ちょっと変な本になってます。

私としては、このようなスタイルかどうかは別として、今後も他の著者があまり書かないような旅の文体、書くスタイルのようなものを探っていきたいと思う。

本書を文庫化するにあたっては、「旅はときどき奇妙な匂いがする」という単行本のタイトルを、連載時の「アジア沈殿旅日記」にふたたび戻した。やっぱりタイトルがわかりにくかったかな、と迷った結果である。迷うことばかりなのである。

宮田珠己

本書は二〇一四年十二月、
筑摩書房より刊行された。

旅の理不尽　宮田珠己

旅好きタマキングが、サラリーマン時代に休暇を使い果たして旅したアジア各地の脱力系体験記。鮮烈なデビュー作、待望の復刊！（蔵前仁一）

四次元温泉日記　宮田珠己

迷路のような日本の温泉旅館は、アトラクション感あふれる異次元ワンダーランドだった！　名湯を巡る珍妙湯けむり紀行14篇。（新保信長）

旅するように読んだ本　宮田珠己

読書とは頭の中で旅をすることでもある。旅好きで本好きなタマキングが選んだ、笑える人文書たち。あなたも本で旅をしませんか。（椎名誠）

霞が関「解体」戦争　猪瀬直樹

無駄や弊害ばかりの出先機関や公益法人はもういらない——地方分権改革推進委員会を舞台として、官僚を相手に繰り広げた妥協なき闘いの壮絶な記録。

完全版 この地球《ほし》を受け継ぐ者へ　石川直樹

22歳で北極から南極までを人力踏破した記録。ほとばしり出る若い情熱を鋭い筆致で語るデビュー作、待望の復刊。カラー口絵ほか写真多数。（管啓次郎）

脱貧困の経済学　飯田泰之　雨宮処凛

格差と貧困が広がり閉塞感と無力感に覆われている日本。だが、経済学の発想を使えばまだ打つ手はある。追加対談も収録して、貧困問題を論じ尽くす。

日本帝国と大韓民国に仕えた官僚の回想　任文桓《イム・ムナン》

植民地コリア出身の著者は体制の差別と日本人の援助を受け、同胞の為に朝鮮総督府の官僚となる。植民地世代が残した最も優れた回想録。（保阪正康）

釜ヶ崎から　生田武志

失業した中高年、二十代の若者、DVに脅かされる母子——。野宿者支援に携わってきた著者が、「究極の貧困」を問う圧倒的なルポルタージュ。

戦場カメラマン　石川文洋

眼前の米兵が頭を撃ち抜かれ、擲弾銃によって解放軍兵士が吹き飛ぶ。祖国を守るため、自由を得るため、差別や貧困から脱するため……。（藤原聡）

テレビは何を伝えてきたか　植村鞆音／大山勝美／澤田隆治

テレビをめぐる環境は一変した。草創期から番組作りに携わった「生き字引」の三人が、秘話をまじえて歴史をたどり、新時代へ向けて提言する。

東京骨灰紀行 小沢信男

両国、谷中、千住……アスファルトの下、累々と埋もれる無数の骨灰をめぐり、忘れられた江戸・東京の記憶を掘り起こす鎮魂行。（黒川創）

大正時代の身の上相談 カタログハウス編

他人の悩みはいつの世も蜜の味。大正時代の新聞紙上で１２９人が相談した、あきれた悩み、深刻な悩みが時代を映し出す。（小谷野敦）

大山康晴の晩節 河口俊彦

空前の記録を積み上げた全盛期。衰えながらも、その死まで一流棋士の座を譲らなかった晩年。指し手と人生から見る勝ち続けてきた男の姿。（yomoyomo）

万国奇人博覧館 J-C・カリエール／G・ベシュテル 守能信次訳

無名の変人から、ゴッホ、ルソーらの有名人、「聖遺物」「迷信」といった各種事象や営みまで。人間の業と可能性を感じさせる超絶の人生カタログ。

聞書き 遊廓成駒屋 神崎宣武

名古屋中村遊廓跡で出くわした建物取壊し。そこから著者の遊廓をめぐる探訪が始まる。女たちの隠された歴史が問いかけるものとは。（井上理津子）

消えた赤線放浪記 木村聡

「赤線」の第一人者が全国各地に残る赤線・遊郭跡を訪ね、色町の「今」とそこに集まる女性たちを取材した貴重な記録。文庫版書き下ろし収録。

町工場・スーパーなものづくり 小関智弘

宇宙衛星から携帯電話まで、現代の最先端技術を支えているのが町工場だ。そのものづくりの原点を、元旋盤工でもある著者がルポする。（中沢孝夫）

『洋酒天国』とその時代 小玉武

開高健、山口瞳、柳原良平……個性的な社員たちが創ったサントリーのPR誌の歴史とエピソードを自ら編集に携わった著者が描き尽くす。（鹿島茂）

「社会を変える」を仕事にする 駒崎弘樹

元ITベンチャー経営者が東京の下町で始めた「病児保育サービス」が全国に拡大。「地域を変える」が「世の中を変える」につながった。

ドキュメント ブラック企業 今野晴貴・ブラック企業被害対策弁護団

違法労働で若者を使い潰す、ブラック企業。その「手口」は何か？ 闘うための「武器」はあるのか？ さまざまなケースからその実態を暴く！

あぶく銭師たちよ！　佐野眞一

昭和末期、バブルに跳梁した怪しき人々。リクルートの江副浩正、地上げ屋の早坂太吉、〝大殺界〟の細木数子など6人の実像と錬金術に迫る！

宮本常一が見た日本　佐野眞一

戦前から高度経済成長期にかけて日本中を歩き、人々の生活を記録した民俗学者、宮本常一。そのまなざしと思想、行動を追う。（橋口譲二）

新 忘れられた日本人　佐野眞一

佐野眞一がその数十年におよぶ取材で出会った、無私の人、悪党、そして怪人たち。時代の波間に消えて行った忘れえぬ人々を描き出す。（後藤正治）

「心」と「国策」の内幕　斎藤貴男

「がんばろう、日本」が叫ばれる危ういこの国で、「国民」の内面は、国や公共、経済界にどう利用されていくのか？　政治経済、教育界まで徹底取材！

初代 竹内洋岳に聞く　塩野米松

日本人初、八千メートル峰14座完全登頂を達成した竹内洋岳。生い立ちから12座目ローツェの登頂に成功するまでを描き、その魅力ある人間性に迫る。

游侠奇談　子母澤寛

飯岡助五郎、笹川繁蔵、国定忠治、清水次郎長……正史に残らない侠客達の跡を取材し、実像に迫る、游侠研究の先駆的傑作。（松島榮一／高橋敏）

決定版 切り裂きジャック　仁賀克雄

19世紀末のロンドンを恐怖に陥れた切り裂きジャック。日本随一の研究家が、あらゆる角度からジャック事件の真相に迫る決定版。（菊地秀行）

半農半Xという生き方【決定版】　塩見直紀

農業をやりつつ好きなことをする「半農半X」を提唱した画期的な本。就職以外の生き方、転職、移住後の生き方として。帯文＝藻谷浩介（山崎亮）

増補版 ドキュメント 死刑囚　篠田博之

幼女連続殺害事件の宮﨑勤、奈良女児殺害事件の小林薫、附属池田小事件の宅間守、土浦無差別殺傷事件の金川真大……モンスターたちの素顔にせまる。

武士の娘　杉本鉞子　大岩美代訳

明治維新期に越後の家に生れ、厳格なしつけと礼儀作法を身につけた少女が開化期の息吹にふれて渡米、近代的女性となるまでの傑作自伝。

神国日本のトンデモ決戦生活　早川タダノリ

これが総力戦だ！　雑誌や広告を覆い尽くしたプロパガンダの数々が浮かび上がらせる戦時下日本のリアルな姿。関連図版をカラーで多数収録。

ザ・フィフティーズ 1（全3巻）　デイヴィッド・ハルバースタム　峯村利哉訳

50年代アメリカでの出来事と価値転換が現代世界を作った。政治、産業から文化、性までを光と影の両面で論じる。巻末対談は越智道雄×町山智浩。

ザ・フィフティーズ 2　デイヴィッド・ハルバースタム　峯村利哉訳

FBIやCIAの暗躍。エルヴィスとディーンの登場。そして公民権をめぐる黒人の闘いなどが描かれる第二巻。巻末対談は越智道雄×町山智浩。

ザ・フィフティーズ 3　デイヴィッド・ハルバースタム　峯村利哉訳

マリリン・モンローからスプートニク、U―2撃墜事件まで。時代は動き、いよいよ60年代の革命が近づいてくる。巻末対談は越智道雄×町山智浩。

ちろりん村顛末記　広岡敬一

トルコ風呂と呼ばれていた特殊浴場を描く伝説のノンフィクション。働く男女の素顔と人生、営業システム、歴史などを記した貴重な記録。（本橋信宏）

誘拐　本田靖春

戦後最大の誘拐事件。残された被害者家族の絶望、犯人を生んだ貧困、刑事達の執念を描くノンフィクションの金字塔！（佐野眞一）

疵　本田靖春

戦後の渋谷を制覇したインテリヤクザ安藤組の大幹部、力道山よりも喧嘩が強いといわれた男……。伝説に彩られた男の実像を追う。（野村進）

東條英機と天皇の時代　保阪正康

日本の現代史上、避けて通ることのできない存在である東條英機。軍人から戦争指導者へ、そして極東裁判に至る生涯を通して、昭和期日本の実像に迫る。

数学に魅せられた明治人の生涯　保阪正康

数学の才能に富んだ一庶民が日清・日露、太平洋戦争と激動の時代を懸命に生き抜く姿を通して、近代日本の哀歓と功罪を描くノンフィクション・ノベル。

三島由紀夫と楯の会事件　保阪正康

社会に衝撃を与えた1970年の三島由紀夫割腹事件はなぜ起きたのか？　憲法、天皇、自衛隊を論じたあの時代と楯の会の軌跡を追う。（鈴木邦男）

ちくま文庫

アジア沈殿《ちんでん》旅日記《たびにっき》

二〇一八年十一月十日　第一刷発行

著　者　宮田珠己（みやた・たまき）

発行者　喜入冬子

発行所　株式会社　筑摩書房
東京都台東区蔵前二―五―三　〒一一一―八七五五
電話番号　〇三―五六八七―二六〇一（代表）

装幀者　安野光雅

印刷所　三松堂印刷株式会社

製本所　三松堂印刷株式会社

ISBN978-4-480-43555-2　C0126